JN244114

自治体
社会教育・学校教育
行政論

ライフヒストリーの視点

小林建一著

三恵社

はしがき

　この本は、論文集や専門書でも教科書でもない。自分の仕事としてきた自治体行政の一分野について、ライフヒストリーの視点からまとめたものである。つまり、本のタイトルのように、自治体の社会教育行政と学校教育行政を論じることである。しかも、サブタイトルに示したように、職員としての体験をもとにして、ライフヒストリー法により語ることである。この意味では、他者のライフヒストリーにもとづいて論ずる客観的な方法ではない。自分のライフヒストリーにもとづくため、主観性を免れることのできないおそれがある。そこで、できるだけ自己分析的に、また自分の過去の研究論文を組み込みながら論ずる方法を採用した。フランスの社会学者ブルデューの絶筆となった『自己分析』は、自己を分析的に語るものであるが、「自伝ではない」と断言されている。このような偉大な学者と自分を比較することは馬鹿げた話になるので、自己分析的なライフヒストリーのなかで自治体社会教育・学校教育行政を位置づけることを客観的な立場であるとか、あるいは科学的な立場であると決めつけることはしないが、少なくとも主観や恣意を克服しようとする試みであることについては理解していただけるものと思っている。

　自分は、学卒後の進路として地方公務員の職業を選んだ。選んだというよりも、自分の職業適性についてはよくわからずに、経済的な生活の安定を最優先に消去してたどりついたのが、通学地の秋田市の職員であった。就職浪人をしてまでも目指す職業も見あたらず、

3

はしがき

親から自立するには、現実的な最適の選択であったのかも知れない。いわゆる市役所職員として職業生活をスタートした。しかし、将来的な見通しもまったくたたず、行政特有のルーティン・ワークに嫌気をさして、転職のための受験準備をしたこともあるが、長続きせず現実の仕事に耐えてきた。けっきょくは、公務員として37年間過ごすことになるが、この中には自ら選んだ大学院での勉学6年間も含まれる。この行政職員としてもっとも長期にわたるのが、通算して24年間の教育委員会勤務であった。

　以上のようなキャリアをふまえて、社会教育行政と学校教育行政の実態や任務・役割について行政職員としてのライフヒストリーの視点から語ろうとするのが、本書の目的である。社会教育行政をになう職員については、今日でもその専門職性やあるべき姿などを中心に、さまざまな学的アプローチがなされている。これらの課題を解決したうえで語るのがベストであろうが、自分の力の及ぶところではないので、ライフヒストリーの手法を用いて、これまでの自分の人生においてもっとも長い職業体験としての社会教育行政職員体験にもとづき、現在の立場からこの行政分野についてできるだけ広く語ることにしたい。また、教育行政職員として学校教育行政という、同じ教育という名はつくが、社会教育とは異質の分野についても、限定的ではあるが言及したい。3年間というきわめて短期間の体験ではあるが、学校教育も含めて教育全体を論じるようになった現在の立場から、振り返って、学校教育行政について少しでも提言できると考えるからである。

　この現在の立場とは、自治体職員を辞めてから8年間にわたって、短期大学の教員として研究と教育、さらに大学運営にたずさわり、去年3月いっぱいで辞めて、県内のいくつかの4年制大学の非常勤

講師を務めているけれども、比較的自由な身になったということである。ここで、注意していただきたいのは、この短大は保育科単科の短大であり、保育関連の科目を担当することが主な任務であるものの、社会教育研究がまったく不可能ではなく、時間の許すかぎり可能であり、微力ながら社会教育研究にもいくらかのエネルギーは注ぐことができたことである。

それゆえ、本書の内容も、そのときの仕事との関連で学問的な課題を追究した、やや専門的な部分もあるし、体験者としての感想をエッセーふうに述べた部分もある。これからの自治体の社会教育と学校教育の行政職員にとって、仕事上の参考になりそうな部分もあるかも知れないが、まったく役に立たない部分もあるはずである。

このような意味において、本書を読まれた場合、さまざまな疑問を感じられる人びとは多いと思われる。それでもおおげさではあるが、本書を世に問うのは、自分の行ってきた仕事がどのような意味をもつのかについて真剣に考えてみるとともに、社会教育行政や学校教育行政にたずさわる自治体職員だけでなく、これらの分野に学問的な関心をよせる人びとにとっても、何らかの参考になればとの思いがあるからである。率直なご批判やご意見を賜りたいと思う。

目　次

はしがき　　3

第1章　専門職員のライフヒストリー　　8

第2章　社会教育職員論　　33

第1節　社会教育職員としてのキャリア形成　33

第2節　専門職員と行政委嘱委員・ボランティア　38

第3節　行政委嘱委員との協働―生涯学習奨励員　41

第4節　ボランティアへの支援―日本語ボランティア　48

第3章　社会教育計画・財政論　　57

第1節　社会教育計画づくりの協働性　57

第2節　自治体社会教育財政の脆弱性　67

第4章　社会教育関係団体論　　78

第1節　社会教育関係団体支援　78

第2節　地縁団体支援　82

第3節　PTA 活動支援　91

第5章　社会教育施設論　　107

第1節　公民館　108

第2節　博物館・美術館　114

第3節　会館　118

第4節　図書館　122

第6章　学校教育行政論　　138

第1節　教育行政における学校教育の重視　138

第2節　学校教育行政の条件整備性　139

目　次

　　　第3節　公立中高一貫校と通学区域制度　144

　　　第4節　縦割り行政と教育現場　158

　　　第5節　学校教育と指導・助言行政　160

　第7章　大学教育行政論　181

　　　第1節　大学教員のキャリア形成—大学教員としての

　　　　　　　プロローグとエピローグ　181

　　　第2節　大学教育行政による統制　183

　　　第3節　大学評価におけるアポリア　185

　　　第4節　大学教員評価と大学のガバナンス　197

　あとがき　222

第1章　専門職員のライフヒストリー

1　問題の所在

　社会教育行政については、これまでの教育行政の定義の仕方に沿って、社会教育に関する行政や社会教育を対象とする行政、あるいは社会教育の条件を整備すること、などと定義することができよう。しかし、これらの定義に対しては、社会教育行政の現実を語るにすぎないとか、社会教育行政のあるべき規範を示すにすぎないという批判が可能である[1]。このような論議はきわめて抽象的なものであり、社会教育行政を定義づけるには、もう少し具体的に現実と規範的な方向性をとらえていく必要があるだろう。

　今日の教育行政は、法律に根拠をおく（教育行政の法律主義）ことから、教育に関する法によって公教育活動を組織するためにさまざまな制度を構築し運営している。そして、社会教育行政は、学校教育を除いた領域の教育活動に制度的に関わってきた。こうしたこともあって、社会教育行政の説明においては、制度の作用や機能などの分析や把握にもとづく、いわば静態的な論述の方法が用いられてきたように思われる[2]。

　たしかに、社会教育行政はその制度的な側面に注目するならば、社会教育施設や社会教育計画・事業などの物的システムと、社会教

---

[1]　黒崎勲氏は教育行政の定義について検討し、このように批判しているが、社会教育行政についてもそのまま当てはまると思われる。黒崎勲『教育行政学』岩波書店、1999年、p. 7.

[2]　同旨として、井上英之「社会教育行政の構造と課題」島田修一・藤岡貞編『社会教育概論』青木書店、1986年、p. 103.

育職員・委員などの人的システムによって機能していることがわかる。この機能について客観的に述べることが、社会教育行政の静態的な把握にほかならない。戦後の社会教育行政について、初めて総括的に論述したと思われる著書『社会教育行政入門』が国の社会教育行政当局の担当者たちによって昭和 47 年に出版されているが、そこでは「社会教育」と「社会教育行政」が区別され、後者についてその組織と機能の現状が述べられている。社会教育とは一種の教授・学習過程であり、教育機能そのものであるのに対して、社会教育行政は行政の組織および機能であり、その機能は国や地方公共団体に専属するという[1]。

　しかし、ここで注意しておかなければならないことは、社会教育行政を論ずるにあたって、そのような区別を前提にして教育機能あるいは教育活動と教育行政を分断させ、教育行政のみを孤立的に論述することでよいのかどうかである。この点は、教育行政全体を論じる教育行政学の分野で提起されている重要な課題である。すなわち、教育と教育行政を区別し、教育行政の教育への関与を限界づけることによって教育の自由を守ろうとする考え方は批判されなければならず、教育の自由の要請は教育の特定のあり方に照応する教育行政を求めるのであり、教育と教育行政は対立的にとらえられるべきものではないということである[2]。教育の自由に関してはこれまた論議が盛んであるが、自分は、教育にもとづく教育行政をという考え方は「消極的自由」ではなく、「積極的自由」の概念にもとづいていると分析している。積極的自由とは、要求する自由だからであ

1　今村武俊編著『社会教育行政入門』第一法規出版、昭和47年、p. 16.

2　黒崎・前掲書、p. 11.

る。

　さらにこれに加えて、このような考え方は、教育の営みを教授・学習過程と管理・経営過程の交錯ととらえる教育の論理を取り入れたものである[1]。先に取り上げた『社会教育行政入門』においても、社会教育行政の運営に関して経営学的な視点の重要性が指摘され、しかも社会教育行政は社会教育の条件整備の機能として、国や地方公共団体が教授・学習過程である教育機能としての社会教育に関与し、これを促進・援助することであると理解され[2]、同様の発想がすでに開陳されていたのである。

　以上のような検討をふまえて考えると、社会教育行政は社会教育とは区別されるが、その組織や機能の現実とあり方を語るには、教育機能である社会教育との交錯を動態として捉える必要があるという結論になるだろう。

　小論は、このような社会教育行政の動態的把握を進めるにあたって、ライフヒストリー法がどのような意義をもつのかについて考察しようとするものである。つまり、ライフヒストリーは日本語で生活史というように、一個人や一つの集団の生活の歴史を、個人的記録や生活記録にもとづき、研究者が社会的文脈と関わらせて記録したものであり、これを用いる研究法が社会教育行政という社会制度の機能を動的にとらえることの意味と有効性について、明らかにすることをねらいとしている。もちろん、どのような研究法でも、すべての対象をとらえられるとは限らず、また、その対象をとらえるために他の方法によって補完しなければならないときもある。この

---

[1]　黒崎氏は持田栄一氏の教育管理＝経営理論をこのように分析評価し、自説の展開に取り入れているように思われる。黒崎・前掲書、pp. 12-16.

[2]　今村・前掲書、p. 109、p. 124.

ことから、ライフヒストリー法についても、他の方法との使い分け
や連携を考える必要があろう。小論においては、社会教育行政の動
態的な過程をライフヒストリー法によって把握しようとして、社会
教育行政と社会教育との交錯点に位置すると考えられる社会教育職
員のライフヒストリーを用いることを試みる。

　この方法は、一般的には、職員の生活史記録にもとづいて社会教
育行政の過程をとらえるものであるが、しかし職員＝研究者という
構図が成り立つならば、いったん記録化する過程を省略できると考
えられる。しかも、そのような構図であるならば、研究者として対
象へのアクション・リサーチが可能となり、研究としての客観的な
記述のために職員自身の徹底した自己分析が求められる。このよう
な自己分析的なアクション・リサーチの方法においては、職員＝研
究者の個人の心理的な次元から、社会教育行政という歴史的現実を
社会的・歴史的文脈においてとらえる歴史的次元にわたるパースペ
クティヴが必要である。これは、E.H.エリクソンが提起した心理歴
史的アプローチに求めることができる。すなわち、エリクソンの方
法は歴史的人物の人間研究にあてられたものであるが、これを応用
し、教育機能としての社会教育に実践的に関わる人間、なかでも社
会教育職員としてのライフヒストリーをもつ人間自身が自己分析し
ながら、しかも対象たる社会教育行政にアクション・リサーチする
ことによってその動態をよくとらえることができる。

2　社会教育実践と社会教育行政

　社会教育行政と区別される社会教育は教育機能とされる教授・学
習過程として示されるが、このような教授・学習過程という用語は
学校教育の機能を説明するにあたって多く用いられてきたように思

われる。そこには教える者対教えられる（学習する）者という関係が存在するが、社会教育においてはむしろそれらの立場が逆転したり、相互に学習する者であったりする関係が想定されるのであるから、そのような関係にもとづく教育と学習の主体の相互作用は社会教育実践という用語に置き換えるべきであろう。

　学校教育に着眼した教育実践の概念については、「子どもや青年の発達を目的とする親や教師の文化遺産の伝達や集団づくりなど、諸種の次元にわたるしごとをいう。……また国家や自治体の教育政策とこれに対する地域住民や教師の教育運動までも教育実践の概念に含めていうばあいもある。」[1]というように整理されている。このような概念構成は、学校教育実践というべきものであろう。これに対して、社会教育実践については、「社会教育の場においては、学習の主体は成人である。成人の学習は基本的にいえば自己教育であって、学校における教師のような存在を前提とはしない。成人は自己自身に働きかけるのであり、社会教育の場に教師の教育実践と同質なものは存在しない。しかし、成人の学習要求を組織し、学習課題を発掘し、学習・教育の内容を編成する必要は存在する。社会教育実践とは、この必要を自覚し、成人の学習＝自己教育を援助し、励ます仕事をさす。」[2]と説明されていた。このような構成は、学校教育実践との対比を強く意識したものであろう。最終行の文脈が教師に代わる存在、つまり社会教育職員を意識したものとなっているのは、このことのあらわれであろう。

　しかしむしろ、社会教育が成人の自己教育を基本とするならば、

---

[1]　中内敏夫「教育の概念」中内敏夫編『教育学概論（第 2 版）』有斐閣、1989年、p. 43.
[2]　藤岡貞彦「社会教育実践と社会教育学」島田・藤岡編・前掲書、p. 326.

第1章　専門職員のライフヒストリー

社会教育実践は、成人という学習主体の相互関係を基軸に、教育・学習内容の編成を媒介にした教育主体と学習主体の関係構造として明らかにされるべきものであった思われる。そして、この社会教育実践を分析するにあたっても、さまざまな教育・学習の主体の交錯する諸関係のなかで成人の自己形成がすすめられるという視点をすえる試みがあるが[1]、これをみても、社会教育実践自体が社会教育職員による学習支援活動を不可欠とするようには思われないのである。この意味においては、社会教育実践とは必ずしも行政の関与がなければ成り立たないものではないだろう。しかしまた、社会教育実践においては、行政の立場にある社会教育職員の学習支援活動がその充実をもたらしたと評価する、実践分析の研究が数多く見られるのも事実である。それだけに、行政の関与のあり方によっては社会教育実践がより豊かになった、と評価できる場合もありうるだろう。

　たとえば、これまで社会教育実践分析研究においてよく取り上げられてきた、国立市公民館の女性問題学習や松川町の健康学習における社会教育職員による実践への直接的なアプローチ[2]、また、松本市と川崎市の職員の実践記録の社会教育実践分析は[3]、自治体社会

---

[1]　たとえば、山田正行「高齢者の学習とアイデンティティ―社会教育実践分析論としてのアクション・リサーチ―」社会教育基礎理論研究会編『叢書生涯学習Ⅲ社会教育実践の現在 (1)』雄松堂出版、1988年、p. 319.

[2]　社会教育基礎理論研究会編「市民運動としての国立市公民館保育室の成立」『叢書生涯学習Ⅳ 社会教育実践の現在 (2)』雄松堂出版、1992年、pp. 159-173、新保敦子「長野県松川町公民館の健康学習―社会教育実践における専門職員の役割―」社会教育基礎理論研究会編『叢書生涯学習Ⅱ 社会教育実践の展開』雄松堂出版、1990年、pp. 267-292.

[3]　たとえば、佐藤一子『現代社会教育学―生涯学習社会への道程』東洋館出版社、2006年における松本市の手塚英男氏と川崎市の星野修美氏の社会教育実践記録の分析を参照されたい。

教育行政を担う社会教育職員の役割の大きさに注目したものである。これらのいずれも、社会教育職員が成人の自主的な学習・文化活動の発展を支えることを通じて、社会教育行政の枠組みを超えた社会教育実践の展開を導くことに貢献すると同時に、限定されながらも、いまだ重要な社会教育行政の役割を認識させるに十分であろう。このことは裏を返せば、社会教育実践の創造や発展のために、社会教育行政への「環境醸成」的な要求が社会教育職員を介して行われ、逆に行政の意思も職員を介して貫徹されうることをも意味している。このような職員は、「社会教育の専門性」を担う社会教育主事などの専門職員であり、また場合によっては、一般行政職として官僚的な行政の意思決定を行いうる立場にある。

　一口に社会教育職員といっても、その立場や思考・行動様式は多様であるが、多かれ少なかれ社会教育行政の動態のまっただ中にいる、またはいたといえる。このような動態のなかで働き学び、この経験と記憶にもとづいて、社会教育職員としての自分史や社会教育実践の実践記録をまとめることができよう。これらを、研究者が社会教育研究に活用することは当然可能である。これによって、社会教育実践における社会教育職員の役割や社会教育職員の専門的力量形成など、社会教育の重要な課題をとらえることもできるであろう。もちろん、社会教育行政をとらえるにあたっても、外側から観察し考察する従来の手法を超えて、行政の実際の担い手が社会教育職員であるがゆえに、行政の内側から学習・政策決定などをめぐる心理的過程と歴史的・社会的に規定されている実態や、諸問題を明らかにする有効な道具となりうるであろう。

3　社会教育行政の動態的把握とライフヒストリー法

第1章　専門職員のライフヒストリー

　社会教育職員が、その立場のままに研究者の視点に立って、社会
教育行政をとらえることができるのであろうか。それは可能である
としても、個人の主観や恣意、偏見などによって、社会教育行政が
歪んだものとして記述されかねず、客観性は保障の限りではない。
このことは、研究者が社会教育職員の自分史や実践記録を用いた研
究においても同様である。それらの資料が主観によって記録された
ものであれば、研究者がいくら客観的で実証的な方法で対象にアプ
ローチしたとしても、そのような記録が事実でない可能性があるか
らである。このように、社会教育職員が研究者の視点に立つことが
できるのかどうかの問いは、研究内容が事実にもとづいたものであ
るかどうかの問いとは別物である。したがって、これらを切り離し
て個々に論ずるべきであるという結論になりそうであるが、実はこ
れらの別物を統合する視点を提起する方法がある。ライフヒストリ
ーの方法がその一つであろう。

　この方法は、もともとは社会学における社会調査法の一つとして
開発されてきたものである。社会学の世界においては、既存の人文・
社会科学の方法ではとらえきれない他者や異質なもののリアルな面
を内側から理解しようと、今日多用されている。その特徴的な点は、
行為者の主観的動機や体験の意味づけを探り、解釈し、事実認識を
行うことにある[1]。このような視点に立つならば、社会教育職員が主
観的動機や体験を語り、職員らがそれを対象化し分析することを
通して、事実を認定することも可能であるということになる。いい
かえると、社会教育職員の主観を主観によって分析するのではなく、

---

[1]　谷富夫「ライフヒストリーとは何か」谷富夫編『ライフヒストリーを学ぶ
人のために』世界思想社、2008年、 pp. 16–17.

15

対象化して分析することができるのである。ここでは、主観を述べる主体とそれを分析する主体が同一である。このため、研究者の立場がなく、科学の名に値しないと評価されるかも知れない。しかし、主観を述べる実践の主体が研究の主体へのパースペクティヴの転換をはかることによって、それを克服できると考える。このような転換とは、ライフサイクルのなかの人間として、過去の葛藤を乗り越えて社会とのかかわりを明らかにする心理歴史的視点のもとに、主観を述べそれを対象化して分析する同一の主体が自己分析を徹底しながら、対象へのアクション・リサーチを試みる実践的なアプローチへの姿勢をもち続けることによって、はじめて可能になるものであろう。それは、ライフヒストリー法によって、社会教育職員の職業的な生活史と密接に関連する社会教育行政の動態を把握するにあたっての、不可欠の構成要素ともいうべきものである。

　以下においては、このように研究の対象と研究の主体が同一であるという特殊な位相にあるため、固有の分析考察の視点をもたざるをえないライフヒストリー法によって、社会教育職員の社会教育実践と切り離して考えることはできない社会教育行政の動態をどのようにとらえることができるのかを明らかにしたい。

（1）ライフヒストリー法かライフストーリー法か

　ライフヒストリー法は、生活史研究の方法である。これに対して、ライフストーリー法は人生物語研究の方法といわれる。最近では、ライフストーリー法にもとづく研究活動が積極化しているように思える。しかし、これらの研究方法はまったく異なるものではなく、類似しており、一部は重なっているといわれる。

　これをやまだようこ（山田洋子）氏によって整理してみると、つ

ぎのようになる[1]。

　ライフストーリー研究では「語られた真実」に関心をもつのに対して、ライフヒストリー研究では「歴史的真実」に関心をもつ。そして、ライフストーリー研究では、どのように人生経験が構成され、意味づけられているかを中心に分析するため、語られた内容が記憶の誤りで歴史的事実とずれていても、その人の「語り・物語」として分析する。一方、ライフヒストリー研究は、大きな歴史の流れのなかで、個人の歴史をインタビューや語りの内容を各種の史料などよって裏づけながら明らかにする。

　このように、ライフヒストリー研究は歴史研究であると明言している。ところが、ライフストーリー研究は、歴史的事実とはあまり関係なく、人生経験の語りや人生物語を分析し、それぞれの固有の価値を認めるというものであろう。もちろん、このような方法によって、ライフストーリー研究の目的である人々のアイデンティティや生活世界などを理解することができる。しかし、なによりもライフストーリー法の特徴は、その「ストーリー性」にあり、これをふまえた〈いま―ここ〉の語りと聞き手の相互行為、とりわけインタビュー行為によって生み出されることである[2]。それゆえに、いちいち歴史的事実と照らし合わせる必要がないだけでなく、〈いま―ここ〉での語りという現実があり、その現実の語りは過去のものであろうと、未来のものであろうと一切かまわないことになる。

　ここで、改めてライフの意味を考えてみると、それは過去―現在

---

[1]　やまだようこ「ライフストーリー・インタビュー」やまだようこ編『質的心理学の方法―語りをきく―』新曜社、2008年、pp. 129-130.
[2]　この点については、桜井厚・小林多寿子編『ライフストーリー・インタビュー――質的研究入門―』せりか書房、2006年、p. 9.

第 1 章　専門職員のライフヒストリー

ー未来という位相をもつ歴史的な概念である。〈いまーここ〉でライフを語っても、それは瞬時に過去についての過去の語りとなってしまうし、もし現存在として語りのまっただ中にあったとしても、それは過去を経験し、未来へ向かっている存在とその行為である。この意味では、〈いまーここ〉での語りという現実は歴史的現実である。

　このようにみてくると、ライフの語りや物語は、現在よりも過去のものであるといえる。ライフストーリー研究においても、どのくらいまでの時間的な隔たりが許されるかは明確にしていない。むしろ、「昨日起こった出来事」を語る短いライフから、その人のライフサイクルや何世代にもわたる世代間継承のような長いスパンまでも視野に入れているように見える[1]。一方、ライフヒストリー研究が歴史的真実に関心をもったり、あるいは歴史研究であるといわれたりしても、人類史から個人史、個人史のなかでもその一部分までも歴史といえるし、また、人々が生きている世界は身近な生活世界から地球規模の世界にまで広がりがあるが、それぞれの歴史をもっている。歴史学の論理にしたがうのが歴史研究なのか、それとも「日本史」、「世界史」上などの「有名な」人物や出来事などにかかわる歴史的真実に関心をもつことなのか、あいまいなままである。さらに、やまだ氏のいうように、大きな歴史の流れのなかの個人の歴史といっても、いずれの歴史をどのように限定したり区切ったりするかによって、長短や広狭に違いがでてくる。

　以上のように、ライフストーリー研究とライフヒストリー研究に明確な違いがあり、厳密な使い分けをしなければならない根拠は、現時点では存在しないように思われる。はっきりとした決着は今後

---

[1]　やまだ・前掲論文、p. 124.

第 1 章　専門職員のライフヒストリー

の課題であろうが、いずれの方法でも個人の現在から過去への振り返りを通して、制度とその機能をとらえることができるであろう。しかし、小論では後述するように、対象や実践の主体が研究の主体であることから、語りを録音記録あるいは文字化することや人生・生活を記録する作業を省略し、〈いま－ここ〉でのライフストーリー・インタビューを用いることもしないので、ライフストーリー法を採るものではない。むしろ、自分の職業的な生活史を社会制度の歴史的現実と関連させて、その制度の動態を把握しようとするから、ライフヒストリー法の意義を認めることになる。

　ただし、いずれの研究法もモデルとしては従来のものとは異なり、「ナラティブモデル」[1]というべきものであろう。前者は、いうまでもなく研究対象である人間の内側の心理や主観を、研究者が外側から客観的に観察し、逆に研究対象から研究者への反応や行動もみられるというものである。これに対して、後者はある現場や環境、状況のなかで、研究対象である研究参与者と研究者の間において、参与観察やインタビューが行われ、それに対応するものとして語り行為が行われるというものである。小論の主題との関係では、ここでいう現場を社会教育行政に置き換えることによって、研究者と研究参与者の相互関係から、その動態を明らかにすることができるといえよう。したがって、モデル的にはライフストーリー法もライフヒストリー法も同じであり、小論の研究法の構図もナラティブモデルといってもよい。

(2) 社会教育職員のライフヒストリー

---

[1]　くわしいことと、この後に続く文脈については、やまだようこ「ナラティブ研究」やまだ編・前掲書、p. 63.

第1章 専門職員のライフヒストリー

　社会教育行政を担う職員の社会教育実践に関わるキャリアには、さまざまな差異が見られる。市町村の自治体においては、公民館などの社会教育施設と教育委員会の社会教育担当課を行き来しながら定年退職あるいは中途退職する人、これらの社会教育の分野から首長部局に勤務替えとなり二度と戻らない人、また戻ってくる人、博物館や図書館で司書、学芸員として一生を過ごす人、などなど。これらは、自治体行政職員としての職業生活であり、今日の長寿社会のライフ・コースにおいても極めて重要な位置を占めている。もちろん、人生においては職業活動のみならず、さまざまな生活や活動があり、個人にとってはこれらが重要な意義をもつため、社会教育行政職員としての職業生活が重きをなさない人も中にはいるかも知れない。しかしまた、そのような職業生活が社会教育行政の実態を認識し、あるいは今後のあり方を語る場合の重要なポイントになりうることもあろう。

　このような職業生活を含む人生の一時期や生活の一コマを語るのは「ライフストーリー」であるが、インタビュー行為によって生み出されたものを含めても、これは一方的に語るだけの、いわば一人称の口述記録や自伝といわれるものである。このうち、口述記録はたとえ文章化されたものであっても、文書史料に対する口述史料として、オーラルヒストリーを構成するものとなる。これは、文書史料によって文字化されない歴史的事実を伝えるものと位置づけられるであろう。ここで口述記録でありながら、「オーラルストーリー」でなく「オーラルヒストリー」であることの意味を考えてみる必要がある。口述は口述する主体の主観を伝えるものであるが、これが第三者（たとえば、研究者）によって検証あるいは再構成されることによって、第一人称から第三人称の性質へと転換し、個人の物語

第 1 章　専門職員のライフヒストリー

よりも批判的・反省的な視野の広い歴史の視点に立つことができるのであるから、オーラルヒストリーを採るべきこととなろう。しかし、本主題を追求するにあたっては、このオーラルヒストリーを用いることはしない。自己分析をしながら、アクション・リサーチによって社会教育行政の動態を明らかにしようとするのであり、自分自身の口述をいったん記録し、これを研究者の立場から自分が再構成し、これにもとづいて分析を進める方法は形式的な意味しかもたず、きわめて非効率的だからである。むしろ、自分自身のなかにおいて、「記録」と「ストーリー」（語り）の両面をもつといわれる「ライフヒストリー」を構成して適用するのが効率的である。つまり、オーラルヒストリーの省略化である。さらに、必ずしも長期的なスパンをともなうとは限らない口述や語りよりも、個人の一生ないし過去から現在までの生活という意味をもつ生活史が、対象を広くとらえることができるので、信頼性においてすぐれている。自分の社会教育行政に関わる職業生活は、長期にわたるものであり、いったん口述するとなれば、途方もない時間とエネルギーを必要とする。また、口述がその時点での単なる思いつきにならないよう、用意周到に口述に備えてエピソードやトピックなどを記録してきたものでもない。

　ライフヒストリーを教育研究に用いる方法は、最近注目されるようになっている。同じ教育の分野でも、とくに教師のライフヒストリーを手がかりに教育研究に取り組む傾向が見られる。世界的にも日本の教師たちが自らのライフヒストリーや自伝を記し、書物として出版していることが際だっており、ライフヒストリー研究のための豊かなデータベースが準備されていて、研究の機運も高いといわ

21

れている[1]。これに比べると、社会教育・生涯学習の分野におけるライフヒストリー研究は見劣りするのかも知れない。それでも最近は、たとえば、日本社会教育学会の年報においてもライフヒストリー研究が取り上げられるようになっており[2]、今後、研究の深まりが期待される。

　ライフヒストリー法は、個人的な語りであるライフストーリーを、歴史的な文脈であるライフヒストリーへと転換させる技法であるということを再確認しておく必要がある。そのような転換は、多くの方法論的、倫理的問題を抱えているといわれる[3]。このような問題の解決は別に追求されるべきこととして、小論においてはライフヒストリー研究の方法の現在の水準を活用して、社会教育行政の動態に複眼的な視点からアプローチすることにしたい。社会教育職員としての社会教育実践を通じて社会教育行政への自己分析的なアクション・リサーチを試みるには、教育実践や行政の機能などを分析する時点での分析者の心理的状況や社会的状況のみならず、分析者個人のこれまでの生活経験や歴史認識から逃れることができず、やはり歴史的文脈であるライフヒストリーの技法を用いることが有効と考えられるからである。

　以上の検討をふまえ、自治体社会教育行政を論じるにあたって、社会教育職員の長い経歴をもつ自分のライフヒストリーを介在させるとはどのようなことなのか。自分のストーリー（語り）は、まっ

---

[1]　アイヴァー・グッドソン、パット・サイクス（高井良健一・山田浩之・藤井泰・白松賢訳）『ライフヒストリーの教育学─実践から方法論まで─』昭和堂、2006 年、p. i .

[2]　日本社会教育学会編『成人の学習』日本の社会教育第 48 集、2004 年、東洋館出版社では、2 編のライフヒストリー研究の論文が掲載されている。

[3]　グッドソン、サイクス、前掲書、p. 17.

たく主観的で偏見であり、思い込みに満ちたものであるかも知れない。したがって、できる限り先行研究はもちろん、他者からの情報や文書史料などのデータを用いてストーリーに批判や反省を加え、ライフヒストリー化を行いながら、社会教育行政の機能の経験的実態の分析を行おうとする。この意味で、小論はストーリーに対する自己批判・反省の結果としてのライフヒストリーを媒介に、社会教育行政の動態をとらえることを提起するものである。

4　ライフヒストリー法における分析視点
（1）心理歴史的アプローチ

　社会教育行政の動態へのライフヒストリー法によるアプローチが可能であるならば、次にはこのような方法を機能させるために、どのような視点に立つべきなのかを明らかにしておくことが重要である。その視点として、エリクソンの「心理歴史的」分析の視点をあげることができる。

　エリクソンがルターやガンディーなどの歴史的人物の人間研究にこの方法を用いたことは、よく知られている。それは、フロイトの精神分析論を発展させることによって、歴史認識においては歴史と人間の心理をかみ合わせるとともに、対象の分析という実践においては自己分析を必要不可欠なものとしている。そこでは、歴史的人物の心理を分析し、それを生きた当時の社会と単に関連させることを、分析主体の自己反省のもとに行えばよいということを意味しない。エリクソンが心理歴史的分析を通して認識しようとしたのは、個人の内面的心理がその人の発達に即して形成されることと、社会制度やイデオロギーも歴史的変遷の中で形成・変化していくことと

第 1 章　専門職員のライフヒストリー

がかみ合っていく仕方であるならば[1]、個人の発達という側面がより重視され、その歴史的変遷との相互規定的な関連性が注目されなければならないであろう。このような発達の視点は、きわめて大きな枠組みである。

　ここで考えなければならないのは、この枠組みの大きさだけでなく、その性格である。エリクソンの歴史的人物の人間研究は、マクロな視点からの人間研究という性格をもつといえる。このような研究が心理歴史的アプローチの典型例であることについては、疑問を差しはさむ余地はない。これに対して、自分の試みは、一つの地方自治体の社会教育職員のアイデンティティ形成に関連させながら、社会教育行政の動態をとらえようとするのである。それゆえに、社会教育行政という社会制度のほんの一部分を分析の対象とする、ミクロな視点に立つものにほかならない。

　しかし、マクロの視点にせよ、ミクロの視点にせよ、心理歴史的分析の対象としての人間の生活世界は歴史的性格をもつ社会制度とも密接に関係するのであるから、そのような世界において形成される人間をとらえるような心理的発達の視点も、社会制度を環境や背景として考慮することが可能である。これを反転させると、自治体社会教育行政という社会制度の分析を通じて、その分析主体の心理的発達もある程度まではとらえられるということができる。とすれば、このような視点も心理歴史的アプローチに位置づけられてしかるべきであろう。この点については、当然のこととして批判があるかも知れない。今は、このような批判を予想し、批判を克服したうえで、新たな自治体社会教育行政論を構築することを宣言して、と

1　西平直『エリクソンの人間学』東京大学出版会、1993 年、p. 118.

りあえず文芸的公共性の実現をはかることにしたい。

　たしかに、心理歴史的アプローチは歴史的人物の人間研究にみられるように、きわめて大きな枠組みの中で人間形成についての考察を試みようとする。そこでは、現実は一切排除されているように見える。しかし、エリクソンがガンディーについて記述するにあたっては、ガンディーに直接関連した人物に面接していることにみられるように、現実から過去を探っている。しかも、心理歴史的分析の過程においては、具体的な事件や事象のみならず、日常的な出来事を集積し、それらを検証している。心理歴史的アプローチは、このような現実的なものに関する具体的な分析作業を必要としているのである。

　この点に注目してみても、社会教育行政へのライフヒストリー法によるアプローチにおいては、固有のライフヒストリーをもつ社会教育職員に対する心理歴史的な分析を展望することができよう。社会教育行政は、社会教育の歴史の大きな流れの中にあって、具体的な事象をともないながら、現実に生きて動いている。しかも、それはミクロのレベルではあるが、歴史的現実である。このような社会教育行政と社会教育実践の交錯点に位置する社会教育職員の人間形成を心理歴史的に分析することを通して、政策や運動などの影響を受けながら展開してきた、中央政府、都道府県、市町村の各レベルに分けられる社会教育行政の動態を把握することができる。

(2)「 自己分析的」アクション・リサーチ

　社会教育行政が行政の組織および機能であるとすれば、それを研究対象として客観主義的に分析し考察しようとするのが、従来の社会教育研究のスタンスであったといえる。このような立場においても、行政と市民・住民の権力関係や社会教育職員の位置などを含む

第1章 専門職員のライフヒストリー

社会教育行政の構造をとらえることはもちろん可能であろう。しかしながら、ここでは研究対象は文献資料や記録などの物的な対象であり、研究者はそれらを分析し考察するだけである。学術研究においては客観性や科学性が要請されてきたが、この意味からすると、従来の研究方法は適切なものと評価されうるだろう。このような視点は、主客二元論といえる。研究者という主体と研究対象という客体が、はっきりと分けられているのである。しかし、これに対しては、次のように批判が可能である。

　すなわち、「さまざまな利害関係の錯綜する社会現実においては、そのような客観主義的分析もやはり、最終的には一定の立場に立った研究者によるものであり、あらゆる人間の諸実践から自由な客観主義的立場は、研究者が現実の社会において生活している限り不可能である、と言わざるをえないのである。」[1]この批判を通じて、主客二元論の克服が提起されていると見ることができる。

　社会教育行政は、行政の組織および機能として、現実の社会教育実践に意図的に関わっていることは誰の目にも明らかである。それは、生きた個々の人間の行為や行動と認めることはできないが、組織の担い手の考えや集合的な意思決定などによってもたらされる。逆に、そのような関わりの中から、社会教育実践によって組織の担い手の考えや行為・行動が変えられたり、組織の意思決定が方向づけられたりする場合も多く起こりうる。社会教育行政はシステム化や法制度の整備が行われなければ有効に機能しないといえるが、社会教育実践はこれを必然的に前提するものではない。むしろ、多様な社会教育実践の蓄積のうえにシステム化や法制度の整備が進めら

---

[1] 　社会教育基礎理論研究会編・前掲『叢書生涯学習Ⅲ社会教育実践の現在（1）』、p. ⅳ.

れ、あるいはそのような実践によってシステムや法制度などの具体的内容が与えられるとする視点[1]が傾聴するに値しよう。

だとすれば、社会教育実践を分析し位置づける営みが、社会教育行政の組織や機能の構造を明らかにするとともに、社会教育行政の方向づけに少なからざるインパクトを与えるのではないかと思われる。このことは、社会教育実践と社会教育行政の接点に位置する立場が必要なことを意味している。いいかえると、社会教育行政について、社会教育実践を媒介にとらえる立場である。このような位置には、社会教育職員としての実務経験をもつ研究者のみならず、社会教育実践を実際に担い、あるいは分析するとともに、社会教育行政の組織や機能を分析する研究者がいる。社会教育実践の担い手である教育者や学習者は、これに属しないであろう。

自分は、最近まで社会教育行政の職員であり、同時に研究者の位置にもいたと自認している。社会教育実践の担い手として実践の分析を行いながら、行政組織の内部から、また文献を通して行政組織の外部から社会教育行政にアプローチできたのである。そして、社会教育実践を分析する適切な方法の一つとしてアクション・リサーチがあるが、これを用いることによって社会教育行政の動態をとらえることができたはずである。

アクション・リサーチは、もともと対象に働きかけ、その結果をフィードバックして調査研究を改善し、その実践性を高めるという過程を通じて、社会集団の活動などの動態を捉えようとする、社会学などの領域において開発されてきた研究方法である。これを人間形成の一端を担う社会教育の領域に応用しようとすれば、社会教育

1　山田正行「社会教育実践と実践分析論」同書所収、p. 4.

第 1 章　専門職員のライフヒストリー

実践の機械論的な把握として実践者を研究の客体と位置づけるので
はなく、研究の主体としてとらえ、また研究者を実践の主体と位置
づけることが必要となる。

　それゆえに、このようなアクション・リサーチの方法を社会教育
実践分析へ適用するには、前述したような研究者と実践者の相互主
体的な関係が求められることになろう。また、小論において定位し
ている研究者＝実践者（研究対象）である社会教育職員は、心理歴
史的視点からとらえることのできるライフヒストリーをもっている。
この職員は、社会教育実践に関わっているのだから、ライフヒスト
リー法によって社会教育行政の動態へアプローチするにあたっては、
アクション・リサーチの態度は不可欠のものといえる。自分は、社
会教育行政の動態のまっただ中にありながら、研究者の視点から行
政の意思決定や政策形成などに少なからざる影響を及ぼしたり、社
会教育実践の豊かな展開を導いたりするなど、研究者と当事者の共
同実践でもあるアクション・リサーチの方法を実践できたのである。
つまり、社会教育職員としての立場から、研究者と実践者（研究対
象）の共同実践というアクション・リサーチによって、社会教育行
政の動態を変化させることができたのである。

　この点、すでに社会教育実践分析を経由しないで、地方自治体の
社会教育政策・計画策定過程においてアクション・リサーチ的な手
法が日常的に取り入れられているとする理解がある[1]。そのような
過程は社会教育行政の機能の過程であるから、社会教育行政をアク
ション・リサーチによって直接的にとらえようとする視点というこ
とができよう。しかし、そこで取りあげられているのは、研究者が

────────────────

[1]　佐藤・前掲書、pp. 182-183.

政策や計画の策定過程において主導的に関わっている事例である。ここでは、研究者と調査対象者との共同的な世界の構築が目指されている。このような試みを見る限りでは、アクション・リサーチによって社会教育行政を直接的にとらえることも、社会教育実践を媒介として社会教育行政をとらえることもできるといえよう。このことについてはさらに追究することが課題かも知れないが、他の機会に譲りたい。

　次に、社会教育行政職員が関わる社会教育実践を手がかりに、社会教育行政をとらえようとしてアクション・リサーチを試みようとする場合においては、実践主体であり研究主体である自分自身を自己分析しなければならない。この自己分析とは、フロイトの精神分析において重視された自分自身の主観を分析する方法である。社会教育実践分析論において先駆的に自己分析論に取り組んできた山田正行氏によって整理すると、自己分析は主観をもつ人間を分析する分析者にも主観があることに視点を向けるため、分析者が客観主義に陥らず、分析過程において対象に関する自分自身の分析を点検し、修正し、これによりさらに分析を深めることができるというものである[1]。このような過程は、分析の主体たる自分自身を反省的に分析し、それをふまえてさらに実践の主体の分析を試みるという無限に続く理論的作業でもある[2]。

　一般的に、研究者によるアクション・リサーチにおいては、分析者が実践に参与（パーティシパトリー）し主観的にならざるをえな

---

[1]　山田正行『アイデンティティと戦争』グリーンピース出版会、2002 年、p. 14.
[2]　同「成人学習論の構成問題」社会教育基礎理論研究会編『叢書生涯学習Ⅷ 学習・教育の認識論』雄松堂、1991 年、p. 43.

いため、以上のような自己反省的ないし自己批判的な自己分析が不可欠なものとなろう。このようなアクション・リサーチと自己分析の関係構図においては、分析（研究）の主体と実践の主体は異なり、自己分析は容易に行われるであろう。しかし、自分の場合はこれらの主体は同一である。このためにも、自己分析は徹底して行われなければならず、アクション・リサーチと自己分析を並列的に論じるのではなく、自己分析をアクション・リサーチの中核的要素として位置づけ、「自己分析的」アクション・リサーチという視点が重要であることを提起しなければならない。

5　ライフヒストリー法によるアプローチの課題

　心理歴史的アプローチが歴史的人物の研究において有効であることは、先述のとおりである。これにより、歴史的な位相において、人間の姿や関係性が、そこに登場する人間の深層的な心理のレベルにまでさかのぼって明らかにされている。そこでは、個人の心理的な発達と社会制度などの歴史的変化をかみ合わせる心理歴史的アプローチの方法の成果が、いかんなく発揮されているというべきである。このような方法を、過去から現実へと展開している社会制度、しかも社会教育行政という特殊・固有の領域へと適用するからには、自己分析的アクション・リサーチにもとづいて社会教育行政を分析し、その動態をとらえようとする主体の立場を再確認しておく必要がある。

　そのような主体である自分には、主体の参与的な観察や行動に対する、またストーリー（語り）に対する徹底した自己批判・反省が求められる。それはむしろ自己コントロールに近い意味合いをもち、個々の分析の視点について説明を要する場合、たとえばなぜそのよ

うに理解するのかを自己の深層心理にまでさかのぼって説明し、し
かもそれが適切かどうかを論断する場合もあるだろう。なぜならば、
これまで一般的に行われてきたアクション・リサーチにもとづく分
析においては、対象へとアプローチする主体としての研究者が自己
批判・反省をすればよかったのに対して、小論の場合においては、
アプローチの対象である客体そのものがアプローチの主体によって
担われているのであるから、主体の主観や自己利欲的な態度などは
主体の内部においてコントロールされなければ、心理歴史的視点に
立つライフヒストリー法は私小説まがいのものとなるからである。
これが、小論の提起するライフヒストリー法の第1の課題であろう。

　そして、社会教育職員がストーリーを語ることは、ストーリーが
研究者との相互交渉の場で生成するということ、またストーリーが
社会的実践を語ることでもあるという意味では、関わりをもつシス
テムやコミュニティをどのように記述するかの問題であり、それは
職員の意識変容や専門的成長によっても多かれ少なかれ影響を受け
る。このことは、「省察的学習」論や「状況的学習」論、「拡張的学
習」論などとの接合の問題を提起する。職員の意識変容や成長がこ
れらの学習論によって明らかになれば、ライフヒストリー法はさら
に複眼的に社会教育行政の動態をとらえることができるであろう。
したがって、このような学習や成長、行動の過程を明らかにするの
が、第2の課題となるであろう。

　このような困難な課題を抱えつつ、自治体社会教育職員の立場か
ら自治体社会教育行政の動態を把握する意義はどのようなところに
あるのだろうか。職員のすぐれた社会教育実践については、社会教
育研究においても高い評価が与えられてきた。そのような功績でな
ければ、取り上げられないようにも見える。しかし、社会教育実践

第 1 章　専門職員のライフヒストリー

の主体たる自分の実践の場合は、自己評価では決して高いものでは
ないし、客観的な評価ではむしろ低いほうに属するかも知れない。
何の変哲もないごく平均的な位置にあり、全国の大多数の自治体社
会教育職員の実践の現状を示しているのかも知れない。だとすれば、
自治体社会教育行政の動態といっても、それはこのような位置にあ
る職員の視点からとらえられた姿にすぎないのかも知れない。社会
教育行政の動態を把握する研究が果たしてこのようなスタンスとレ
ベルでよいのかを心配しているが、それでも社会教育研究に質的研
究としての一石を投ずることにしたい。

第2章　社会教育職員論

第1節　社会教育職員としてのキャリア形成

1　行政職員のキャリアのはじまりと変容

　ここで述べることは、第1章において説明したライフヒストリーとしての自分の記憶であり、また記憶にもとづくある程度抽象化された語りである。

　公務員としてのキャリアのはじまりは、次のとおりである。昭和46年3月に大学卒業後、4月に秋田市職員となった。6カ月間の試用的な行政広報の業務に従事した後に、11年6カ月間税務行政にたずさわることになる。税務署の仕事を想起するとよくわかってもらえると思うが、税務証明書の発行や税務事務所全体の雑務的な業務を6年6ケ月、市税の課税業務を3年、市税の徴収業務を3年経験することになる。

　この間、上意下達の職場環境とルーティンワークそのものである仕事に疑問を感じ、転職を考えるようになった。教員としての適性についてはまったく自信がなかったが、教育学部出身ということもあってか、教員のほうが自分の考えで仕事ができるだろうと、教員採用試験への挑戦を思い立った。記憶が定かではないが、公務員となって1週間か2週間が経ったときに、卒業した大学の学生部長より職場に電話があった。首都圏のある県で教員が足りないので、教員にならないかという趣旨であった。そのときは、職場環境がまだよくわからず、将来的な希望も抱いていただけでなく、親を残して

第２章　社会教育職員論

首都圏に旅立つことに不安を感じて、即その電話でお断りをしたことがある。そのような体験も思い出し、もしすれば教員のほうが自分には合っているのではないかと思いはじめた。教員志向がますます強くなっていくのをおぼえた。そして、社会科教員の免許状を取得しているだけであったので、複数の免許状を所有しているなら有利と考え、大学通信教育で英語教員の免許状を取得しようと入学したが、勉強が長続きせず、たちまち中退するはめになった。それでも、教員にと考え勉強を続けようとした。生徒指導に忙殺され、学問研究の時間があまりとれないという中学教員へのイメージが高校教員志向を強くさせた。社会科の免許状とはいっても、内容的には政治経済、倫理社会の分野に傾斜していた。しかし、この分野は採用枠が少なかったので、嫌いではない歴史の分野でもよいと考え、日本史と世界史の勉強を独学で始めたが、これにも耐えられず、まったく情けないことに断念した。このような意味では、意志の弱い人間の挫折の連続であった。現在、社会教育・生涯学習を中心に学問研究をしているつもりではあるが、皮肉にも「独学」による生涯学習という意味では、この当時から生涯学習実践に取り組んでいたことになる。

２　事務系職員から指導系職員へ

　そうしているうちに、ほとんどの人びとが体験する人生の転機が訪れる。生涯の伴侶をえて世帯を形成することになり、生計を維持する責任を感じてそのまま公務員として生涯を終える決意をした。このことと時を同じくして、官僚機構のつねでもある人事異動により、教育委員会の社会教育課に配属となる。この異動の前には、教育委員会での仕事には関心がなく、税務行政の後は産業行政でもい

いなと思っていた。ところが、上司から異動先の希望を聴取される
好機が訪れ、即座に教育行政がうかび、迷いなく教育委員会の学校
教育課を希望した。もちろん、学校教育事務である。しかし、上司
いわく、学校教育のトップは派遣教員であり、指導主事となった教
員たちが方針を決め、そのもとで機械的に仕事をする事務職ではつ
まらないので、裁量的な仕事のできる社会教育の分野がよいという
配慮で社会教育課勤務となった。当時の自分は、社会教育がどのよ
うな分野なのかをまったく知らなかった。恥ずかしいことに、それ
は学生時代からであり、同期入所者の中に社会教育課に配属された
人がいたが、内容を知ろうともしなかった。昭和42年に入学し昭和
46年の卒業であるが、教育学部で教職課程の科目を履修しながら、
社会教育をイメージすることはまったくなかった。授業の中では、
社会教育という言葉はおそらく耳にしていたであろうが、まったく
認識できなかっただろうと想像する。

　とにかく、教育委員会職員となったのだから、がんばらなければ
と決意した。当時の社会教育課は、指導系職員のいる社会教育係と
青少年係、指導系と管理系の職員のいる文化管理係から成り立って
いた。自分の配属されたのは文化管理係である。文化財保護を専門
とする学芸員と管理系職員が混在する単位であった。自分は後者で
あり、図書館、博物館、児童館等の社会教育施設の整備と課全体の
予算・決算経理という管理事務を担当した。社会教育の分野には違
いないが、指導系と比較して傍系であることは明らかであった。社
会教育とは何かについて考える余裕のないままに3年が経過したら、
主査（係長待遇）という役職がつき、居住地に近い公民館に人事異
動となった。ここで、公民館主事として初めて指導系の職務に就く
ことになる。もちろん、管内の人口6万人超とはいえ、小世帯の公

第2章　社会教育職員論

民館であるから、館長のもとで施設の管理や予算経理も担当するという公民館職員である。他に正規の職員は1人であり、不足は嘱託、臨時職員で補っていた。

　4月に公民館に移り仕事の内容がよくわからないままに、社会教育主事講習受講の打診が社会教育課からあった。北東北の3国立大学がもちまわりで実施してきた社会教育主事講習が地元の大学で行われるので、参加しないかというものであった。自分は受講の本命ではなかったが、受講資格があるうえに地元開催で派遣経費が節約できるので、受講をなかば強制されたといってよい。この機会に勉強するのも悪くないと思い参加したが、勉強に関しては人生でもっとも苦しい体験をすることになる。講習を運営する大学の中心的なスタッフの中に、学部の学生時代に履修した教育行財政学（当時は法律・政治学関係科目にもなっていた）の先生がいて、自分をよく知っていたので、いい加減な受講はできないと思い、必死になって取り組んだからである。

　以上のように、指導系職員としてのスタートは苦いものであった。社会教育主事としての仕事は、その後も続くことになる。これが、自分の社会教育研究の基盤を形成したことに間違いない。公民館での5年間は、第5章でくわしく述べるが、社会教育に関する勉強はもちろん、講座や学級その他の事業の内容を企画するために広く社会や人間に関する勉強をする必要があった。公務に関する勉強としては、最も多くの時間をあてた。そして、事業の内容を自己のアイデアで自由に組み立てて、自己の責任で実施することができるという点では、官僚機構である行政機関の中では異質であったといってよい。公務員生活全体が満足のいくものではなかったと思う自分にとっても、この5年間だけはやりがいがあり、もっとがんばってお

けばよかったと振り返ることができる。市内には6公民館があり、他の公民館での仕事を体験することで、社会教育職員として資質・能力を高めたいと思っていたやさきに、市議会の事務局に異動を命じられる。前年に受験に挑戦し、大学院教育学研究科修士課程への進学が決まっており、果たして通学が可能な職場であるのかずいぶん心配した。案の定、年次有給休暇も思いどおりには取得できず、取得単位もごくわずかであった。加えて、議員の小間使いのような仕事にはがまんができなかった。少し強引ではあったが、教育学の専門知識を生かした仕事がしたいと主張して異動希望を出した。その結果が、翌年教育委員会社会教育課勤務となる。社会教育主事の社会教育係長として指導系職員として再出発できたのは、幸運であった。大学院に通学しながら、社会教育事業の企画・実施、社会教育委員・社会教育関係団体との連携などの仕事にたずさわることになる。しかし、通学最優先というわけにはいかず、通常より1年多く、修了まで3年を要した。以後、各種学会にも入会し、論文を投稿するという大学の研究者まがいのことをしながらも、社会教育行政の推進には努力したつもりである。この間、機構改革により社会教育課が生涯学習室に変更となった。年齢とともに官僚機構での階級も上昇し、生涯学習室の参事という課長待遇にまで処遇されたところで、学校教育の分野に異動を命ぜられた。学校事務の職場の課長であった。学校という教育現場への指導ではなく、主に条件整備を担当する部署であり、派遣教員の指導主事の配置された部署が隣接していた。ここでの仕事については、第6章で学校教育行政論として扱う。

　学校教育行政の職場は50歳から3年間であったが、定年にだんだんと近づいていく中で、最後はふるさとのような社会教育の分野

第2章　社会教育職員論

で仕事をすることになった。といっても、それは社会教育施設で、美術館副館長（次長待遇）2年、文化会館館長（次長待遇）5年である。芸術・文化の分野ということになるが、社会教育主事の立場は考慮されず、一般の管理職であった。この期間の仕事に関連する事柄については、第5章の社会教育施設論において論議する。しかし、社会教育研究は継続していて、文化会館在職中の54歳から57歳まで、大学院教育学研究科博士課程に受け入れていただき、研究指導を受けることになった。有り難いことに、休日を中心に指導をいただき、どうにか修了にまでこぎ着けることができた。生涯学習時代だからこそ可能であると実感したものである。

　以上のような行政職員のキャリアは、定年まで1年を残した59歳で、短期大学ではあるが、研究職に就くに至って終わりを告げることになる。以来、8年間大学の専任教員を体験することになる。この間のことについては、自治体の社会教育、学校教育でもないが、それらの経験を通してのキャリア形成の結果であるため、第7章において扱うことにする。

第2節　専門職員と行政委嘱委員・ボランティア

　行政機構においては、専門職は一般職や総合職に比べると、「潰し」の効かない職に位置づけられているように思われる。実際にも、官僚制的位階秩序のもとでは上位に昇るほど、一定の部署で長く専門職を経験した者は少なくなる。一般職や総合職は、上位の命令に従順に従い、命令された職務を短期間繰り返すことによって地位が上昇し、圧倒的に多くが上位を占めている。専門職の場合、選挙に出て首長になるとか、教育長のように専門性がとくに必要とされる職

第2章　社会教育職員論

に任命される場合は、やや例外に近い。

　社会教育主事もこのような専門職員には違いがない。社会教育主事の専門性については、これまでも社会教育界において長い間論議がなされてきたが、今でも結論をえていないのが現実であろう。社会教育職員の中でも、司書や学芸員は社会教育主事ほどではないが、それでもこの問題が完全に解決したわけではない。まして、公民館主事となると、専門性については思考停止に陥ってしまっている。このような意味では、これからさらに社会教育職員の専門性の問題を追究していくことが課題となるだろう。

　ところで、社会教育職員と社会教育委員や公民館審議会委員のなどの行政委嘱委員、ボランティアなどとの関係性や役割分担については、現実的な問題としてこれまでも明らかにされてきた。秋田市の例では、社会教育法の規定にもとづき社会教育委員を委嘱し、社会教育全般にわたり審議を行ってきた。公民館運営審議会委員は中央公民館（現在は中央市民センター）に置かれ、中央の地区館を含め各地区館（現在は地区市民センター）をカバーしている。このほかに、公民館ごとに公民館運営協力委員を置き、運営協力を求めている。この委員は、市の生涯学習奨励員にも委嘱し、奨励活動に取り組むことを依頼している。

　社会教育委員については、定期的に社会教育委員の会議を開く必要があるため、専門職員としては審議する内容を決めて、案を作成することが重要な仕事であった。社会教育法には委員が自ら活動を行うことができることが規定されているが、現実には期待できるものではなかった。会議に向けて内容を選択することは容易なことではない。それだけに専門職員として力量が問われる。うまくいかずお茶をにごすこともときどきあったし、社会教育関係団体に補助金

39

を交付するにあたっては、社会教育委員の会議で意見を聴かなければならないのに、伝統的に実施してこなかったことに気づき、あわてて意見を聴いたこともあった。このように、何を会議の議題にするか悩むことが多かったが、秋田市として社会教育計画を策定していなかったので、中期的な社会教育の行政計画を策定することに決めた。さっそく取りかかったのは、他県の市町村の社会教育行政計画の調査である。この調査にもとづき、計画案を作成し、社会教育委員の会議で審議してもらい、策定することができた。この点についてのくわしいことは、第3章で述べる。

　公民館運営審議会についても、公民館勤務時代に中央公民館が資料を作成し、意見を聴いて、運営の参考にしていた。ただ、この審議会については、諮問に答えるというよりも、より協力的な要素が強く、委員と職員がテーマごとにプロジェクトチームをつくり、調査と話し合いうえで、それぞれ提言をまとめる協働を行ったこともある。

　公民館運営協力委員制度は、秋田市独自のものかも知れないが、イコール生涯学習奨励員制度である。生涯学習奨励員をどのようにとらえるかによっても違ってくるが、この問題については第3節においてあらためて論じることにしたい。

　最後に、ボランティアとの関係性に焦点をあてる。社会教育専門職員がボランティアを養成する事業を企画・実施することやボランティア活動を支援することは、今日の社会教育の重要課題となっていることはいうまでもない。当時は、国の補助事業として女性のボランティアを養成する講座を実施していた。すでに、公民館、図書館、博物館、美術館のボランティアを養成していた。いずれも社会教育施設ボランティアである。秋田市には、ボランティアを養成す

第2章　社会教育職員論

るにふさわしい社会教育施設はこれら以外には存在せず、補助事業を中止するのではもったいない。そこで、目をつけたのが外国人に日本語を教えるボランティアの養成である。市内にも日本語の習得を希望する外国人が増えており、日本語により日本語を教えるボランティアの養成に取り組むことになった。このようなボランティア養成については、第4節において述べる。

第3節　行政委嘱委員との協働—生涯学習奨励員—

　生涯学習を推進するシステムにおいては、学習活動に多元的かつ重層的に関与する支援者を生涯学習支援者と称することができる。秋田県の生涯学習奨励員制度は、秋田県が独自に生涯学習推進体制整備の一環として導入したものであるが、奨励員のボランテイア化への視点が明確になったため、生涯学習支援者の役割構造の変容が明らかとなった。ゆえに、生涯学習奨励員制度の原点に立ち返ると同時に、生涯学習をめぐる時代変化や思考の転換を視野に入れながら、制度の再構築や実践活動の新たな展開が求められる。

　今日の生涯学習政策は、新自由主義を背景とする市場原理にもとづいて、社会教育関係の審議会委員の構成などに関する規制の緩和、また自治体の財政難を理由とする社会教育施設の管理運営や社会教育事業の民間委託、ボランテイアや NPO などに対する社会参加と生涯学習推進への期待の増加など、生涯学習をめぐる行政と市民の役割の転換が明らかとなってきている。このような生涯学習政策は学習観の転換をも反映しており、新自由主義的な「自由な選択」による学習を促すが、反面、学習者の「主体的」学習あるいは「自己決定」学習が可能となるように働きかけを行う生涯学習支援を必要

41

第 2 章　社会教育職員論

としている。このような支援の役割を担う者には、学習活動におい
て学習者の主体性を展開・実現できるよう、学習者理解として、側
面あるいは後方から手をさしのべるという視点が不可欠と思われる
ので、生涯学習指導者よりも生涯学習支援者というのが適切である。

　生涯学習支援者としては、まず学習者に知識・技術を教授する、
あるいは学習者を学習目標へと導く人びとが存在する。これは、講
師・助言者と呼ばれている。次に、学習活動を組織する、あるいは
学習過程の進行をはかる人々をあげることができる。これには、社
会教育の専門職員が該当する[1]。これらに対して、ボランティアは講
師・助言者にも組織者にもなり得る。また、学習ボランティアとい
う概念からみると、学習者にもなりうる。このような構図において
は、ボランティアのみが学習者であるとともに、学習活動の支援者
であり、他は支援者であるほかはない。しかし、このボランティア
と同様に、学習者だけでなく支援者にもなりうる生涯学習支援者が
登場してきている。制度化されてから三十年余にもなる秋田県の生
涯学習奨励員がその一つである。

1　生涯学習奨励員制度導入の経緯

　秋田県知事小畑勇二郎氏は、自著の『秋田の生涯教育』において
「政治も行政も、教育に始まり教育に終わるものである」として、
政治と行政の教育化を唱えた。それは、県行政のトップが教育政策
を導く論理であった。「農業近代化ゼミナール」の実践は、そのはじ

---

[1]　以上の講師・助言者を教育者、組織者としての社会教育職員を推進者と位
置づける構図もみられる。たとえば、山田正行「学習をすすめるうえでの方
法・技術－公共的テーマの学習をめぐって－」倉内史郎編著『社会教育計画』
学文社、1991 年、p. 76.

42

まりであった。このゼミは、農政の育成する農村青少年クラブ活動と社会教育行政が実施してきた青年学級を合体し、昭和 39 年に主体的学習と実践活動を通じて、次代の農業人を育成するための学習組織として編成したものである。このような首長主導による一般行政と教育行政を統合する手法は、自治体の教育政策として当時の生涯教育を導入するにあたっても用いられる。導入自体は先進的なものであったが、一般行政主導の生涯教育という性格が濃厚である。

　秋田県において、生涯学習推進体制の整備が具体化しはじめたのは、昭和 47 年のことである。推進組織としての生涯学習推進本部の設置、諮問機関である生涯学習推進協議会の発足、生涯学習パイロット市町村の指定、生涯学習支援者としての生涯学習講師団の編成と生涯学習奨励員の設置などを内容とする。しかし、県行政主導が反省され、昭和 51 年以降には地域主導型へと転換し、市町村ごとに生涯学習推進体制が整備されていくことになる。そこでは、生涯学習奨励室を設置しての学習相談や奨励員協議会の結成などが新たな内容として加えられた。このようにして整備された市町村の体制は、ほぼ共通化しているが、生涯学習支援者という視点に立つと、人的体制として整備されてきた奨励員制度は、生涯学習の地域住民への定着のための啓発活動や指導体制の一翼を担うものと期待されている。奨励員制度は、秋田県独自のもので、全国に先駆けて導入されたものである。

　奨励員の具体的な役割は、昭和 49 年に定められた「秋田県生涯教育奨励員設置要綱」、「秋田県生涯教育奨励員設置実施要領」およびそれらの詳細な解説版ともいえる『生涯教育奨励員の手引き』に示されている。地域や職域、グループなどにおいて、特技や世話活動を通じて住民の学習活動の啓発、奨励、援助、組織化にあたること

第 2 章　社会教育職員論

を期待されている。このような活動は、住民の学習意欲を高め、新たな学習活動を呼び起こし、各種学習グループの新たな組織化をもたらすなどして、住民の生涯学習そのものに「活気を与える」ものと位置づけられていた。しかし、平成 7 年の『秋田県生涯学習奨励員の手引 (改訂版)』では、学習に役立てることの特技をもっていることが奨励員の第一の条件とはされていない。そこでは、学習の組織化、学習情報提供、学習相談という学習の環境づくりの面から、生涯学習の推進に果たす役割を強調しており、奨励員の役割機能の転換を意図したものであった。

2　生涯学習奨励員の生涯学習支援

　秋田県の奨励員制度は、フランスの「アニマトウール」を参考に新しいタイプの指導者として、独創されたものであるとされているが、秋田県における導入は 1974 年のことであり、そのころはすでにフランスのアニマトウールが転換期にあった。

　生涯学習支援者については、「学習活動促進者」、「学習内容提示者」、「学習集団運営者」に機能分析する視点[1]がある。これによると、初期の奨励員はいずれの役割も期待されたが、最近では知識や技術を教授する学習内容提示者としての役割が後退し、他の役割が強調されている。学習活動促進者は学習の条件を整え、学習活動の効果的促進をはかり、また学習集団運営者とは学習グループを組織し、それらの活動をネットワーク化していく役割を担う。奨励員が学習機会への参加を促し、また学習事例を紹介するなどして住民の学習意欲を増進させることや、奨励員の学習相談、情報収集・提供活動、

---

[1]　上杉孝實「生涯学習を支える指導者たち」上杉孝實・岸本幸次郎編『生涯学習時代の指導者像』亜紀書房、1988 年、亜紀書房、pp. 20-32.

44

地域活動の世話は前者に属し、学習グループづくりへの協力は後者
に属する。そこで、秋田県における実態については、平成9年の『秋
田県生涯学習奨励員活動に関する調査研究報告書』(秋田県生涯学習
センター) によると、奨励員が生涯学習機関の事業への協力、各種
団体・グループ等の世話活動とそれらに対する相談活動を主な活動
としている現状と、奨励員自らがそれらの活動のほかに住民への学
習相談・情報提供活動を重視していることが明らかとなっている。
地域にさまざまな特技をもつ指導者がふえてきており、学級・講座
の講師・助言者など学習内容提示者としての役割を果たすべきとの
考えは、減少していることを示唆しているのではないだろうか。
　このように、奨励員活動は、生涯学習支援のための活動内容を限
定しながら、変容させてきたといえる。社会教育主事などの社会教
育の専門職員については、住民の多様化・高度化した学習ニーズに
対応するために、より高度の専門職化が検討されている。しかし、
これらの多くは学習者に学習内容を教授するのではなく、学習要求
に対応して情報提供や学習相談、助言を行うなどを通して、主体的
な学習を進めるような、生涯学習の推進者の役割を期待されている。
このため、奨励員は社会教育職員との役割関係を問われる。もしも、
奨励員が専門職員の職務を補完するに存在にすぎないならば、無意
味である。それゆえに、生涯学習支援者として独自性を発揮し、か
つ地域レベルで住民に密着した自発的な活動を求められている。

3　生涯学習奨励員制度の変容

　秋田県の制度は、各市町村の委嘱を前提とする。このような生涯
学習支援者については、形式的には、社会教育主事などの専門職員

第2章　社会教育職員論

とボランティアの中間に位置する存在であるとする見解がある[1]。これは、実態をよくとらえている。委嘱によって活動に公共性を与え、活動内容の枠組みと活動規範を提示し、その規範の中心に「奉仕の精神」をおいている。しかし、この精神をいかに強調するかによって、奨励員の生涯学習支援者としての位置づけに変化が生じる。

　昭和49年の『生涯教育奨励員の手引き』には、奨励員としての条件の第三番目に奉仕の精神があげられているにすぎなかった。これが平成7年の改訂版になると、その精神の重要性が全面におしだされている。これに応じて、秋田県の単年度毎の生涯学習推進計画では、奨励員に関して「生涯学習を奨励援助する」「ボランティア制度」もしくは「学習ボランティア」と位置づけられていく。秋田県の生涯学習推進体制については、「奨励員の中にボランティアを広く組み入れていく必要がある」[2]という課題が提起されていた。奨励員のボランティア化は、この課題の解決を目指すものといえるが、しかし、ボランティア化の理由あるいは根拠は明確にされていない。

　生涯学習を奨励援助するボランティアとは、どのようなものなのか。すでに「生涯学習ボランティア」の概念が存在しているが、これは、自らの生涯学習を推進しながら、他者の生涯学習を支援するボランティアと説明されている。このことから考えると、奨励員をボランティアと位置づける場合、「生涯学習推進」そのものを目指すボランティアへの、視点の変換が必要である。しかし、奨励員は、委嘱のボランティア指導者ととらえられている。ボランティアとな

1　伊藤俊夫「社会教育におけるボランティア論」辻功・岸本幸次郎編『社会教育の方法』第一法規、1979年、p. 45.
2　佐藤守「秋田県における生涯教育の展開」日本生涯教育学会編『生涯教育の展開』日本生涯教育学会年報第1号、1980年、p. 21.

第2章　社会教育職員論

れば、活動の「自発性」を原則とするため、委嘱されなければ活動ができないという制約との間に矛盾が生じる。さらに、ボランティア活動は明確な目的活動であり、先述の秋田県の調査でも「自分たちの役割や位置づけを明確にしてほしい」という奨励員の意識状況が明らかになったことも考えると、ボランティアの育成の問題を内在させているといえる。

4　今後の課題

　奨励員のボランテイア化は、秋田県における生涯学習推進体制の整備の歴史的経緯から帰結するものである。しかし、ボランテイアの育成の方法については、問題がまだ残っている。育成方法はさまざまであり、行政機関がボランテイアの組織化をはかることはあるが、それは自立へ向けての条件整備の性格をもつ。しかし、秋田県の制度は委嘱を前提にするため、「自発性」というボランティアの原則にもとることになる。もしも、この制度を学習ボランテイアとして位置づけるならば、現在、委嘱され活動を行っている奨励員がボランテイアであることを明確に自覚する必要がある。そのためには、奨励員の意識化のための研修が必要であり、そのうえで自発的な意思にもとづくボランテイアを募集し、組織化し、援助していくことが課題になる。

　生涯学習奨励員の活動は目的意識の明確性において変わりがなければ、必ずしもボランテイアではなく、今日のNPOの活動として扱ってもよいと思われる。NPOの活動の内容には、「社会教育の推進を図る活動」が含まれており、これに奨励員活動も該当するであろう。しかしまた、NPOとして法的保護を受けて活動するとなれば、相当の要件を具備しなければならない。

第2章　社会教育職員論

第4節　ボランティアへの支援—日本語ボランティア—

　グローバリゼーションの進展にともない、日本社会で生活する外国人が増え続け、多文化・民族共生社会の実現のためにも、外国人に対する日本語教育の推進がさけばれてきた。この日本語教育については、民間レベルの活動の発展のみならず、行政も取り組むようになっている。とりわけ、民間のボランティア活動は全国的な広がりをみせており、大都市から地方都市へ、そして農村へと実践が展開され、これに対応して自治体行政の果たすべき役割についても論議されてきた。自治体の社会教育行政として、このような日本語教育に取り組むには、先行するボランティアの活動との関わりがきわめて重要になると考えられる。当然に、社会教育の専門職員とボランティアの関係性の実態とあり方について追究することが必要となる。そこで、秋田県内の日本語ボランティア活動について、社会教育専門職員であった自分がどのように関わり、社会教育行政の関与の問題と課題解決に取り組んで行ったかについて述べたい。

1　秋田における日本語ボランティア活動

　秋田県内の外国人は、大都市や他県に比べても決して多くはない。しかし、日本語を理解できなければ、社会生活においてさまざまな困難に直面する。このため、外国人に対する日本語学習の機会を用意することは、学習ニーズに応えることになるとともに、共生社会の実現にもつながっていく。だが、自治体などの公的な機関による日本語学習の支援は、必ずしも十分なものとなってはいない。秋田県においては、日本語ボランティアの活動が先駆的に学習ニーズに

第 2 章　社会教育職員論

応えるため展開されてきた歴史がある。

　自分の社会教育職員時代には、県内のボランティアグループはわ
ずか 4 団体であった。秋田県婦人会館国際交流グループ日本語教室
（以下の記述では「婦人会館日本語ボランティア」という。）、秋田
にほんごの会、秋田市にほんご交流会、秋田県国際交流をすすめる
婦人の会「わぴえ」[1] であり、いずれも秋田市に活動の本拠を置いて
いた。このうち「わぴえ」のみが全県を活動エリアとし、しかも農
村部を中心に活動を行っていた。現在は、全県域において、公的機
関による取り組みがなされるようになっており、ボランティアによ
る日本語教室も開催されている[2]。この意味では、当時とは隔世の感
があるので、小論は歴史的な研究に近くなっているといえるかも知
れない。

　「婦人会館日本語ボランティア」[3] は、同婦人会館の国際交流サ
ロンを拠点に、秋田ではもっとも早く、1990 年 9 月に活動をスター
トした。海外生活を体験した主婦を中心に結成され、海外生活でボ
ランティアによる会話指導を受けた「恩返し」にと外国人の日本語
学習の手助けをすることになったのである。この教室では、教授者

---

[1]　「わぴえ」は "WAPIE" ともいい、Women's Association to Promote International Exchange の略称であり、1985 年 5 月に発足した女性の国際交流団体である。

[2]　秋田県国際交流協会ホームページ「秋田県内の日本語教室一覧」www.aiahome.or.jp（2017 年 12 月 17 日現在）

[3]　このグループの活動状況については、堀野聖子「『受け手』の思いから『送り手』に」秋田県教育委員会『社会教育施設ボランティアガイドブック』、平成 6 年 11 月 30 日、pp. 42-43. 藤盛節子「心と心の通じ合う日本語学習のお手伝い—婦人会館ボランティア日本語教室」秋田県教育委員会発行『平成 3 年度秋田県国際交流事業・国際交流ボランティアインフォメーション第 2 号』平成 3 年、p. 2. 朝日新聞 1991 年 1 月 9 日、秋田魁新報 1994 年 9 月 12 日参照。

49

第 2 章 社会教育職員論

と学習者の関係は基本的にはマンツーマンであり、原則として媒介語を使わない直接的な日本語の教授＝学習過程を特徴とする。次に、「秋田にほんごの会」[1] は、大学の日本語講座担当の教員が中心となり、ボランティア団体・グループの枠組みを超えて結成され、1993年に活動をスタートした。この会は、日本語教育の専門家と日本語教師有資格者がグループの中心となっているため、会員の研修や指導者の確保、プログラムの開発が容易である。　日本語教授の実践活動としては、昼間、留学生の家族には大学の留学生会館、外国からの県技術研修生には研修施設にそれぞれ出向いて行われている。このように、目的の場所に出向き、しかも特定の対象に日本語を教える点で他のグループと異なる。さらに、「秋田市にほんご交流会」は、秋田市教育委員会が二年間にわたり実施した「婦人ボランティア活動育成講座」としての日本語ボランティア育成講座の修了生の有志で1995年3月に結成された。教授活動に関していうと、先発の二つのグループと競合しないように、潜在的な学習ニーズを把握するほか、外国人労働者その他に対象を広げるなどの新たな試みも求められていた。

　当時の県内では、秋田市を除いて 10 市町村において日本語教室が開設されており、5教室に秋田県国際交流をすすめる婦人の会「わぴえ」が関係していた[2]。このうち、2 教室は「わぴえ」が主催し、

---

[1]　活動状況については、平成5年度「『秋田にほんごの会』へのお誘い」、朝日新聞 1993 年 10 月 31 日、秋田魁新報 1993 年 11 月 12 日参照。

[2]　この「わぴえ」の活動状況については、那波百合子「(秋田) 秋田県国際交流をすすめる婦人の会『わぴえ』の活動から」『月刊日本語』平成 6 年 12 月 1 日号、アルク、p. 13. 藤原暁子「地域で暮らすこと日本語を学ぶこと」、あきた国際協力フォーラム実行委員会『あきた国際協力フォーラム―いま、国際交流から国際協力へ―報告書』、平成 7 年 2 月 28 日、pp. 39-40.

50

残りの3教室は自治体社会教育行政との共催によるものと、指導者の派遣などの協力をしているものに分けられる。いずれの場合も、「わぴえ」の会員が講師あるいはボランティアとして外国人が効率よく学べるように開発された日本語教材を用いて教授活動を行っていた。この会はボランティアの国際交流団体として、県内の男性と結婚した外国人女性に関わっていく過程において、生活上のさまざまな問題の解決の前提に言語の問題があることを認識して日本語ボランティアを活動領域に取り込むことになり、学習機会に乏しいといわれ続けてきた農村部の4市町村、とくに農家や自営業の男性にアジアから嫁いできた女性の多い県南部のそれらに日本語教室を開設した。これらの市町村のうち3つの市における日本語教室は、ボランティア団体の手でボランティアを養成しながら、教授活動の充実を目指している。この手法は、「わぴえ」が単独で、あるいは行政との共催で教室を開設・運営するにあたって用いられたにとどまらない。既存の行政の日本語教室の変化・発展を促す働きもするようになる。以上のような活動は、多くの会員が日本語教授の知識・経験をもち、全県各地で実際に教授活動をしているのではなく、最初、秋田市に住む日本語事業担当2名が教授活動を行いながら、専門家の指導のもとにボランティアを養成し、あるいは行政にその養成と日本語教材を用いる方法の採用を働きかけ、地域の問題は地域の人びとの学習とそれにもとづく実践活動により解決する方向を目指した。

2 社会教育行政の対応

秋田の日本語ボランティアは、全国的にみると後発に属するが、自治体行政の取り組みには先行していた。その意味では、先駆的な

第2章　社会教育職員論

もので、行政課題の意識化・施策化を促すものであった。しかし、双方には固有の役割が考えられ、相互の連携協力のあり方も課題である。また、両者の関係性においては公共性がポイントになるが、ボランティア自体が既に活動の公共性を自覚していたと思われる。それゆえに、行政の制度・施策を活用するとともに、行政に対し新たに要望をすることになる。

　都市部の例として、「婦人会館日本語ボランティア」に関していえば、まず文部省の委嘱事業への参加と県の社会奉仕活動支援助成金の活用によって、教授技術の向上に必要な学習の機会を獲得し、会員の力量向上と自己実現を目指した。また、婦人会館による活動拠点＝施設の提供と職員による助言が必要であり、行政への要望となっていくが、この点については行政の側でも比較的対応がしやすい。問題は学習機会の獲得である。教授技術の力量は個人差や経験の違いが大きく、いわゆる日本語教師有資格が必要となれば学習の充実は不可欠であるが、ボランティア活動だからそこまで必要ないとしても学習は重要である。したがって、段階や習熟度に応じた講座形式の学習の機会を活用することがより効果的とみられている。

　このような講座は、秋田県国際交流協会（AIA）を中心に、わぴえ、秋田にほんごの会などによって主催されていたが、行政による学習の機会の提供は限られていた。このような中で、秋田市教育委員会主催によって2年間にわたり日本語ボランティア養成講座が開催された。これは、行政職員とボランティア団体との懇談会における学習機会の不足についての共通理解が契機となっている。自分は、この講座の開設に深く関わった専門職員の一人である。活動に始めて参加しようという者に限らず、既に活動を展開しているボランティアも団体への所属を問わず受講できる開放的なものにしたことか

ら、学習希望者から再学習の機会として活用され、次への多様なステップを可能にし、行政に対する評価も与えられている[1]。一般に、養成講座であれば初心者を対象にするが、プログラムの創意工夫により、すでにボランティア活動を行っている学習者でも参加に値する講座にできるという、柔軟な思考が功を奏したといえる。この意味では、行政とボランティアの具体的な連携の一例とみてもよいだろう。

これに対し、農村部では日本語教育の必要性は高いが、対応する体制は整ってはいない。外国からの花嫁が増えていて、農業振興、社会教育など分野はさまざまであるが、行政の立場で早くから取り組んできた町や村もある。しかし、それらは地域での生活上のケアの一部として行われたにすぎず、教材や指導方法は今日の水準をふまえたものではない。農村部の結婚し定住している女性たちは、子どもの教育の必要上、日本人女性なみの日本語能力を希望しているが、地域に学習の機会がない[2]。だからといって、ボランティア団体が全県的に地域の学習ニーズを把握し、自ら学習の機会を提供することには限界がある。結局、行政の責任が問われることになる。

このような状況のなかで、「わぴえ」を中心とする行政への働きかけの努力は、県行政の一つの転換を導くことになる[3]。県教育委員会は平成7年度から「外国人に対する日本語教育推進事業」を県の単独事業として実施している。これは、日本語教育指導者の配置と指

---

[1]　堀野・前掲、p. 43.

[2]　那波・前掲、p. 13. 藤原・前掲、p. 39.

[3]　平成6年7月1日県に対し、「外国人に対する日本語教育についての提言書」を提出した。このことについて、『わぴえ』第24号、秋田県国際交流をすすめる婦人の会、1995年3月20日発行、p. 8.

第 2 章　社会教育職員論

導者養成講座の開催、学習者を直接の対象とする日本語教育講座の
開催を主な柱とする総経費約 3,600 万円の事業である[1]。この事業
の特徴はつぎのとおりである。

　まず、県の教育事務所および出張所に各 2 名、計 20 名の日本語教
育指導者を配置し、その後にこれらに延べで 72 時間の講座を受講
させる。この指導者には、退職教師のほか、既存のボランティアが
半数近く採用されている。これまでの活動の意義と実績を認めたこ
との帰結であろう。しかし、問題は短時間の講座の受講を一律に義
務づけ、修了者のみが公的機関の講座で指導できることを制度化し
た点である。このような制度化は、日本語教師有資格者であるかどう
うかを問わず、学習と実践を積み重ねているボランティアの意識に
変化を与えずにはおかない。行政の考える受講時間数は、ボランテ
ィア自身が活動の経験から必要と考える量とも大きく違っていた。
行政の役割を限定しながら、ボランティアを生かすような配慮が必
要であったといえよう。

　とすれば、ボランティアと行政の関係を考えるうえで重要な視点
となるのは、ボランティアの側で述べるように、「ボランティアの養
成・充実とともに、市町村単位の日本語教室の開設」[2]であろう。ど
ちらにウェイトをおくかによっても、社会教育行政の方向性が異な
ってくる。

3　自治体社会教育行政の課題

　以上をふまえつつ、次に自治体行政とボランティア活動の関係を
軸に課題提起を行う。

---

[1] 「ことしの県政 95 春号（第 21 号）」、平成 7 年 4 月 20 日、p. 3.
[2] 那波・前掲、p. 13.

第 2 章　社会教育職員論

　日本語ボランティアは、生涯学習の多様性を反映して多様に展開されているボランテイア活動の一つであり、行政のもとに従属あるいは「下請け」化されることは許されず、行政の援助を受けることが社会教育の公共性に位置づけられる。両者の関係性は、これに収斂されるのである。

　今日、ボランティアと行政の関係については、「世界ボランティア会議」でも論議されたように、「パートナーシップ」の概念で説明されている[1]。これは、「対等性」、「独立性」、「相互義務」のキーワードから構成されており、パートナー同士が共同の使命をもち、一つの目的の達成に向けて努力する場合の関係性を意味している。したがって、援助にあたっては、このような視点を確立しておく必要がある。

　これにもとづく行政の援助は、次のように考えられる。養成講座・専門研修講座等の開設によるボランティアの養成と学習機会の提供、学習教材の購入費や研修費等の活動資金の助成、活動拠点・活動の場としての施設・設備の提供、ボランティア活動についての情報の提供、ボランティアのネットワークづくり、教室の所在を知らせるための公共機関との連携、ボランティアコーディネーターとしての専任あるいは専門職員の体制の整備、子どもの取り出しによる教授のための学校や教育委員会への働きかけ、ボランティアへの相談助言活動、専門家や指導者の人材ネットワークの整備などである[2]。

───────────────

[1]　この点につき、「世界ボランティア会議－第 13 回 IAVE 世界会議」組織委員会・日本 IAV 日本編、同報告書、1995 年、p.79.
[2]　これら行政の援助についての詳細は、拙稿「「日本語ボランティアの活動と自治体社会教育行政の課題－秋田の都市部と農村部における実践と社会教育行政の対応を中心に－」日本社会教育学会編『多文化・民族共生社会と生涯学習』日本の社会教育（第 39 集）、東洋館出版社、1995 年参照。

55

第2章　社会教育職員論

　日本語ボランティアの活動が地方都市、農村を問わず重要である
ことが明らかとなったが、この両者の間には、活動を支援する行政
の規模や活動に参加する人材の集積度にかなりのひらきがある。農
村では地域の住民で自らボランティアとして活動しようとする人は
決して多くはない。しかし、農村でこそ、定住の外国人は身近な場
所で、しかも日常の生活に密着しながら日本語を学ぶことが有効で
あり、いかなる学習形態をも自由に選択して学ぶことが保障される
べきである。このため必然的に、ボランティア活動の充実が必要と
なり、その養成ならびに再学習や活動の機会と場の提供に果たす行
政の役割は大きいものとなる。

　このような意味で、農村における日本語ボランティアの活動の充
実は、異文化理解、言語学習にもとづくコミュニケーションを通じ
て地域の活性化や地域の人間形成力の向上を帰結するものとなる。
外国人との関わりによる生涯学習・社会教育実践の進展は、少なく
ともこのような農村でのボランティア活動の広がりを基礎とするの
である。ただし、これは定住外国人の場合にあてはまるのであって、
外国人労働者の問題の解決が現実のものになった際には、再検討さ
れなければならない。

第3章 社会教育計画・財政論

第1節 社会教育計画づくりの協働性

1 問題意識

　社会教育職員になると必然的に出会うのが、「社会教育計画」という言葉である。社会教育は国民の自己教育・相互教育を本質とするのであるから、社会教育計画は公的なものに限らず、私的なものが存在してもおかしくはない。しかし、社会教育職員の立場に立つと、それは公的な社会教育計画を意味し、しかも国や地方公共団体の社会教育計画、すなわち「社会教育行政計画」でなければならない。いや、社会教育職員の立場からいうよりも、学問的には当然のこととされている[1]。

　教育委員会の社会教育課に人事異動となり、社会教育職員として社会教育施設の整備と予算・決算の仕事にたずさわっているときには、自分の頭の中には社会教育計画の概念はなかった。これを知ったのは、公民館に4月に異動すると同時に、社会教育主事講習を受講したときである。社会教育計画は講習科目の中にはなかったが、必修の社会教育演習では社会教育計画づくりのグループに入った。この演習においては、行政の策定する社会教育計画は社会教育の行政計画であることが説明されたが、行政計画であることを完全に理

---

[1]　社会教育・生涯学習辞典編集委員会編『社会教育・生涯学習辞典』朝倉書店、2012年の「社会教育計画」の解説（p. 245.）でも、そのよう説明されている。

第3章　社会教育計画・財政論

解しないままに、グループの中で分担しながら仮想自治体の社会教育計画を策定した。講習修了後は職場に復帰し、公民館の運営にたずさわることとなる。公民館は、およそ社会教育計画とは無縁の世界であった。多忙のあまりその言葉さえ忘れていた。この言葉がよみがえってくるのは、5年間の公民館勤務後、1年間の議会事務局を経て社会教育課に里帰りしてから2年目の後半になってからである。当初は、学校週5日制の導入にともなう学校教育との連携や、土曜日の子どもたちの社会教育の場での受け入れ体制の整備のために忙殺された。このような問題がようやく落ち着きをみせてきたころに、再び社会教育計画の言葉が脳裏をかすめるようになった。社会教育専門職員としての本領を発揮すべく、社会教育計画の策定を決意するに至る。当時においても、社会教育計画論についての研究はかなり進んでいたようであるが、研究の成果を十分にふまえないで策定にとりかかったこともあり、さまざまな問題に直面した。この節においては、その過程について今日の社会教育計画論に照らし合わせながら分析を加え、今後の社会教育計画論の課題を若干提起したい。

2　社会教育計画と社会教育委員

　社会教育行政の担い手は、社会教育主事を中心とする職員と、行政委嘱委員である社会教育委員であることはいうまでもない。自分は、社会教育委員の会議も担当していた。この会議は、年間を通じて定期的に開催されることになっていたので、積年の同じスタイルの運営でマンネリに陥っていた。たしかに、社会教育法第15条には、社会教育委員は社会教育に関して教育長を経て教育委員会に助言することができ、その職務は①社会教育に関する諸計画を立案する、②会議を開いて教育委員会の諮問に応じて意見を述べる、③必

要な調査研究を行う、④教育委員会の場で意見を述べる、⑤青少年教育の事項に関して社会教育関係団体・指導者等に助言と指導を行うなどがあげられている。このように、職務内容は多様かつ重要なものであるが、それまでは②に傾斜した運営が主であった。他の職務を遂行することについて、委員側が自ら発議し取り組むこともなく、また職員側に法の規定にもとづいて社会教育委員を活用する用意もなかった。

　自分は、社会教育委員の会議を担当する係長を兼務する課長補佐の職にあったが、このような状況が長く続いていた。この会議で審議する案件のもとになる種も尽きて頭を悩ましていたときに、教育委員会事務局の社会教育主事として社会教育行政の中心にいるのに、市の社会教育の全体像をよくつかんでいないことに気がついた。社会教育課はもとより、各社会教育施設も事業の企画・実施に懸命に取り組んでおり、毎年度社会教育事業収録をまとめているのに、それによって体系的に全体像をつかむことは難しかった。この際に、全体像のわかる冊子を作成しようと思い立つことになる。社会教育事業のすべてを、それまで全国的に行われていた社会教育計画の形式に取り込み、体系的に整理しうまく説明書きをつけると計画らしくなるとの単純な発想で、作業へのとりかかりを決意するに至る。もちろん、社会教育委員の会議に諮問したうえで計画案を作成し、意見にもとづいて修正を加えながら成案をえて、はじめての社会教育計画を策定するはこびとなった。これでもって、しばらくは社会教育委員の会議の案件に困ることはなくなったともいえる。こうして、約１年半にわたる社会教育委員の会議での審議を経て、社会教育計画は委員長から教育長に建議され、そのうえで教育委員会の会議において審議と議決がなされた。これにより、社会教育計画は教

第3章　社会教育計画・財政論

育行政全体の中にも位置づけられたのである。

3　社会教育計画策定の手順の誤謬

　この社会教育計画を策定する時点においても、今日ほど社会教育計画論の研究の蓄積と策定の実務の進展はなかったものの、教科書や研究書は出版されていた。自分の蔵書の『社会教育計画』を今ひもといても、「第2章社会教育計画とは―行政計画として―」の箇所にはアンダーラインが引かれている[1]。出版年が計画策定の前であるので、記憶が定かでなくなった現時点ではあくまでも推測の域を出ないが、参考にするつもりで読んだと思われる。しかし、振り返ってみると、解説が理解できなかったのか、それとも最初から無視していたのかのいずれかであるが、ほとんど生かされていなく、策定手続きとしては誤謬に満ちたものであった。以下、なぜそのようになってしまったかを振り返ってみたい。

　第1には、社会教育委員の会議に諮問し、策定の作業を進めたが、あらかじめ計画案の全体を作成したうえで、分割して各会議で検討するようにしたのではなく、会議にかける案件としてそのつど領域別の計画案を作成していったので、かなり無理のある作業を自らに課してしまっていた。

　第2には、全市的な社会教育調査等を新たに実施し、学習者や地域の実態を把握するなど、データの収集を十分に行い、事業や施策の展開を計画するものではなかった。そのような調査は、多くの経費と作業時間を要し、発案した職員が他の職員の労働量を増やすことになるので、非難されるのがおちであると感じたからである。

---

[1]　鈴木眞理「社会教育計画とは―行政計画として―」倉内史郎編著『社会教育計画』学文社、1991年。

第3章　社会教育計画・財政論

　第3は、第2とも関連するが、計画策定となると、社会教育課の職員はもとより、社会教育施設の職員を含めたプロジェクトチームを編成して、調査研究や会合を重ねる必要がある。それをも回避して他の職員の負担増とならない方法を模索したが、妙案が浮かばず、単独で取り組むことを決意する。当時は管理職の立場にあったので、職員の育成をも考慮して、計画策定を職員の経験を豊かにする機会ととらえるとよかったが、負担増の批判をおそれた。この点では、管理職としての責任を果たせなかった。しかし、計画案をまったく独断で作成したわけではない。社会教育課内での検討会や生涯学習室・社会教育施設担当者検討会を開催して、合意形成をはかりながら進めたのである。

　第4には、第2、第3の延長線上に位置することになるが、秋田市の社会教育行政としてはじめての計画策定であるので、完璧なものは期待されるはずがなく、ある程度の形が整ったものであれば許されるだろうという安易な姿勢を正すことができなかった。だから、少しくらい古くても既存のデータや資料を最大限に活用して、それらの情報の範囲内で計画案を作成することになった。

　このような始末であったので、結局は1人で人口約30万人の地方都市の社会教育計画づくりをスタートすることになる。そこで、最初に行ったことは、形式と内容を参考にするために、東北地方を中心に主な県庁所在市の社会教育計画書の収集である。県庁所在市といえども秋田市と同様、まだ計画を策定していない市もけっこう存在していた。このようにして、他都市の情報を印刷物として収集して模倣するのが、当時の常套手段でもあった。それらの中から、もっとも参考に値する5〜6都市の社会教育計画を選定し形式と内容を調べた。もっとも信頼性の高かったのが、福島市の社会教育計

61

第 3 章　社会教育計画・財政論

画であった。社会教育学の著名な研究者の酒匂一雄氏が、社会教育
委員の会議の委員長となって策定した計画である。自分は日本社会
教育学会に入会したばかりであり、そのような研究者であることは
まったく知らなかった。当時は、行政サイドの社会教育研究大会や
社会教育職員の研修会にたびたび参加したが、各研究者の研究内容
や傾向まではわかるはずもなく、ただあり難く無批判に講師の学説
を受け入れていた。このような状況の中にあって、福島市の計画は
あまりにも先進的に見えた。そこで、この計画の形式にそって作成
しようと判断し、その上位計画である秋田市行政の各種計画書を入
手することになる。

　上位計画との整合性が、行政計画としての社会教育計画のもっと
も大切な要素であるということを認識していたので、『市勢要覧』『行
政総合計画』『教育要覧』『生涯学習推進基本構想』『生涯学習意識調
査』などを準備した。そのうえで、社会教育計画に具体的に盛り込
まれるべき社会教育事業を整理するために、『生涯学習・社会教育・
文化』『生涯学習ガイド』『社会教育事業収録』なども準備した。こ
れら資料がそろえば、あとは形式を決めて各事項を整理しながら記
述していくだけである。

　当時の社会教育計画の共通点は、生涯の各期に応じた領域区分の
社会教育事業と社会教育諸条件整備の実施計画を策定することにあ
った。すなわち、前者については、乳幼児教育、少年教育、青年教
育、成人教育、高齢者教育、女性教育に区分し、その区分ごとに現
状と課題、対応を記述したうえで、実施計画表を作成した。この計
画は、横軸に目標、重点施策、事業、担当社会教育機関・施設、年
次計画を横軸とし、学習機会の提供、団体育成、指導者養成、学習
意識の啓発を縦軸としていた。また、後者の横軸は同様であるが、

62

縦軸は各種社会教育関係施設の整備、県立の生涯学習・社会教育関係施設との連携、職員体制の整備、研修体制の整備であった。そして、これらの年次計画を中期の5年のスパンとした。しかし、教育行政には予算編成権が付与されていないので、事業実施に不可欠な財政計画までを明記する計画はきわめて少なかったといってよい。このため、自治体の社会教育計画は財源の裏づけのない事業実施計画という性格をもっている。それでも、行政計画として存在していれば、社会教育職員としてはつねに職務遂行の目標が明確であり、社会教育労働の励みにもなるし、対住民との関係においても説明責任を果たすことができる。社会教育計画があれば、他の自治体の社会教育行政との比較も容易であり、自らの行政の問題点や課題を発見し、改革の方向も明らかになる。

　以上のような期待を込めて、孤軍奮闘の社会教育計画づくりがスタートすることになる。というと、大げさかも知れないが、勤務時間中に計画づくりに専念できるわけではなく、行き詰まっても相談する相手もないままに、社会教育委員の会議に案件として提出する資料の作成に忙殺された。もちろん、自宅にまで仕事を持ち帰ることもあった。

　社会教育委員の会議には、教育委員会が諮問して答申を出してもらう形式で計画案全体を一度に提出したのではない。とらえ方によっては、社会教育法の文理解釈にふさわしくないやり方であると批判されるかも知れないが、社会教育委員の会議において、あらかじめ計画づくりについて説明し了解をしていただいた。これを諮問と解釈した。そのうえで、生涯各期を領域区分して作成した計画案をそれぞれ審議し、各期の計画案の審議が終了してから、全体をまとめて審議し承認するという進め方をした。社会教育委員としては自

第３章　社会教育計画・財政論

ら計画を立案することはなかったので、秋田市の社会教育の現状、問題点、課題についての認識を職員と共有できるという期待もあった。これもとらえ方によっては、職員が助言・建議機関である委嘱の委員をあなどるものと非難されるやり方であったのかも知れない。

　以上のような社会教育計画策定方式は、「青少年育成プラン」策定においてもほぼ踏襲することになる。青少年健全育成のプランは秋田県ではすでに策定されていたが、秋田市にはまだなかった。その当時は、社会教育課が機構改革により生涯学習室と統合され、生涯学習室となっていた。参事（課長待遇）という管理職で全体も見渡さなければならない立場であり、外部の学識経験者等から構成される青少年問題協議会を定期的に開催する必要があった。これも社会教育委員の会議と同様、議題をどうするかで悩む状況が続いていた。青少年育成のための施策や事業は教育委員会を中心に全庁的に展開していたので、プランを策定することにより施策や事業の全体像がわかるようになると考え、また１人で作業にとりかかることになった。県のプランをモデルにまとめたが、これは準備から成案まで約１年を必要とした。この間、３回の協議会を開催し、２回の関係課所長との協議を行ったのみである。あまりの性急さを批判する協議会の委員もいたが、きわめて少数で、これもどうにか乗り切ることができた。社会教育計画と同様に、大いに反省すべき方法であるが、このように間に合わせ的な取り組みでなければ、プランの策定はまだ先のことであったろうと勝手に想像している。

4　行政計画としての社会教育計画の限界

　社会教育委員の会議の委員長が代表して教育長あてに社会教育計画を建議したが、これでもって秋田市の教育行政に社会教育計画が

位置づけられたわけではない。その当時は、教育長は教育委員会の
事務局の長であり、教育長に建議しただけでは、事務手続きを終了
しただけである。自治体の行政計画として成立するためには、教育
委員会の会議で認めてもらう必要がある。会議を担当する教育委員
会事務局の担当者に問い合わせたところ、案件として提出できない
という判断であった。教育委員会のトップから命令・指示されたも
のでなく、トップがあらかじめ認識していなかったというのが理由
らしい。あまりにも官僚主義的な対応であり、忍耐強く交渉したと
ころ、上司の見解を求めるということで一件落着した。結局は、教
育委員の会議に案件として提出でき、説明・質疑・応答を経て、秋
田市教育行政の一環に社会教育計画を位置づけることができた。

　このように、社会教育計画が行政計画であるとすれば、自治体の
総合的な行政計画との関係が問われる。地方自治法が自治体に総合
的な行政計画の策定を義務づけているので、行政主体の地域総合計
画はいかなる自治体においても策定されている。この計画との関係
では、社会教育計画はだいぶ下位に位置づけられるが、学習者にと
っては直接的で具体的な事業の実施計画である。このような下位計
画と地域総合計画との整合性が求められる。これは、社会教育計画
論においても定説的に説かれてきた。この双方の計画の間には、ま
たいくつかの行政計画がある。たとえば、教育行政と一般行政が策
定する生涯学習推進計画、教育行政が策定する地域総合教育計画な
どがあり、上下の順位もこのとおりと考えるべきあろう[1]。ところが、
自治体によっては、教育委員会の視点が異なり、順位が逆転してし

1　片岡了「社会教育計画の方法と視点」辻浩・片岡了『自治の力を育む社会
教育計画─人が育ち、地域が代わるために─』国土社、2014 年、pp. 109-110.

まう場合が見られる[1]。いずれにせよ、地域総合計画から社会教育計画がトップダウン的に策定されるものでない。また、逆にボトムアップ的なものでもない。両計画策定にあたってはさまざまなレベルの委員会がつくられるが、行政組織であるがゆえの絶妙なバランスで双方向的に決定がなされていく。一般の人びとには容易に理解しがたく、その渦中にいた行政職員でなければ実感できない面があると思われる。

このようなシステムのもとに決定される社会教育計画であるから、自ずと限界が見られる。「学習者の自発性や主体性、自由の尊重という原則と社会教育計画との間に矛盾や葛藤を生じさせないのであろうか。」[2]という不安は、このことを示唆している。たしかに、今日の社会教育計画の策定においては、公募委員の選任やパブリックコメント方式の導入などにより、公正な委員会での審議や幅広い合意形成が当然の手続きとされるようになっているが、それでも行政計画一般に見られるような批判や葛藤は避けられない。

5　今後の課題—職員と住民の協働による計画づくり—

行政の中立性や教育の中立性がさけばれる中で、しかも民主社会のルールに則って社会教育計画づくりが進められても、公正な計画となるためには、今後の民主主義のあり方と密接に関わってくるだ

---

[1]　社会教育計画づくりに取り組んだ当時においても、教育委員会としては地域総合教育計画にあたる「教育の指針」を最上位におき、策定していた「生涯学習推進基本構想」、社会教育計画が順に下位に位置づけられていた。また、生涯学習・社会教育と学校教育は別の柱となっていた。今日においても変化はない。

[2]　清國祐二「社会教育と計画」鈴木眞理・清國祐二編著『社会教育計画の基礎』学文社、2004年、p. 9.

ろう。自分が行ったような間に合わせ的な社会教育計画づくりは厳禁である。いずれは誰かが策定に取り組んだかもしれないが、とにかく最初の形ができあがらないと、それ以上は先に進まないことも現実である。社会教育計画論としては問題外の方法であったと振り返るしまつであるが、その後、社会教育計画づくりは引き継がれ、何回か改められて今日に至っている。

　行政の仕事は、すべてトップダウンによってはじまり、職員の機械的な作業を通じて完成するわけではない。ある職員のアイデアや取り組みによって、後に評価されるような仕事が成し遂げられていく場合がある。それを自分の功績として誇示する職員もいれば、謙虚にできるだけ表に出さない職員もいる。しかし、行政の仕事は継続性にあるので、学習主体としての住民にとっては、そのような過程はどうでもよいことである。研究者の研究業績は固有名詞がついて公にされ後世に残るが、行政職員の仕事は組織・機関として行うものでそれはありえず、今はその違いを痛感している。

　それでも、社会教育計画づくりには、職員の意識の明確化と実行力と協働する力が不可欠である。住民の要求や要望に応えてとりかかるべきものであるとか、住民の声を社会教育に反映させる社会教育委員が発動すべきものであるとか、議論は多様であると思われる。しかし、職員、住民、社会教育委員のいずれの側から動き出そうとも、これらすべての協働が不可欠であり、その中で職員はつねに住民の学習を支えていくという姿勢の堅持と力量形成が求められる。

第2節　自治体社会教育財政の脆弱性

1　問題意識

第 3 章　社会教育計画・財政論

　社会教育行政の実施にともなう社会教育財政は、社会教育費支出
の任意性と財政負担の「市町村主義」にもとづいている。市町村は
基礎自治体であり、市については都市行政の規模や性格に応じて、
政令指定都市、中核市、特例市、一般市に区分されている。当時の
秋田市は、中核市に指定されたばかりであった。中核市は、人口や
行財政の規模では政令指定都市に遠く及ばないが、これに次ぐもの
であり、社会教育財政にも固有の構造が見られる。

　本節は、中核市の社会教育財政の構造をトータルに分析し、これ
をてがかりに財政負担の市町村主義の内容を明らかにしたうえで、
今後の社会教育財政の課題と展望を明らかにしようとする[1]。

2　中核市と社会教育行政

　中核市に指定されるための条件は、当時、人口が 30 万人以上、面
積が 100 平方km以上の都市であった（現在は、人口 20 万人以上の条
件のみである）。指定されると、広域的な事務を除いて政令指定都市
に準じた権限が委譲される。しかし、委譲される権限の内容が不十
分であることなどが指摘されていた。委譲にともない、財源保障機
能と財政調整機能の意味をもつ地方交付税の配分については、基準
財政需要額の算定における補正の措置[2]がとられる。これは、地方交

---

[1]　「秋田社会教育研究会」（秋田大学教育文化学部社会教育研究室内）が平
成 12 年 3 月 10 日から同月 30 日にかけて、全国の 25 の中核市に対して、平
成 11 年度生涯学習（社会教育）関係費、保健体育費、生涯学習関係事業、生
涯学習計画などについてアンケートを行い、そのうち 20 市から回答を得るこ
とができ、その内容を分析した。本節では、その結果を基礎として課題を提
起し、展望を述べる。なお、当時、自分はこの研究会の構成メンバーである。
[2]　基準財政需要額の算定における補正の措置を意味する。この点につき、
山崎重孝「大都市制度」伊藤祐一郎編『広域と狭域の行政制度』新地方自治
法講座 11、ぎょうせい、平成 9 年、p. 80. この補正は「態様補正」とされる。

第3章　社会教育計画・財政論

付税の特別措置である。

　中核市の制度は、地方分権の推進の帰結である。権限の委譲とともに財政負担が増えることになるので、新たな財源を確保できない自治体の場合は、人件費の節減や行政事務・事業の見直しが必要となってくる。この点から、中核市への指定は、必ずしも財政力を反映したものではない。

　中核市は、その人口規模を考えると、政治や経済、文化などの面で多様な人材を確保できる。また、通勤や通学、買い物などを通じて、日常的に周辺市町村から人びとが出入りする環境をもち合わせている。このことは、社会教育にも影響を与え、その自治体独自の社会教育行政の基盤になっている。たとえば、人口の多さは、社会教育の対象人口の多さも意味する。秋田市の場合は、人口が約31万人であるが、これは秋田県の人口の約3割にあたるので、社会教育活動の質的な面ではともかく、量的な面では秋田県全体の社会教育活動に大きな影響を及ぼすことも可能である。また、周辺市町村から通勤・通学している人びとが、公民館、図書館、博物館、美術館、体育館などの社会教育施設の利用や社会教育事業へ参加していることを考えても、社会教育の広域的機能が果たされているとみることができる。

3　自治体社会教育財政の基本構造

　自治体の社会教育関係財政の構造を明らかにするためには、財政力と社会教育関係費支出の関係をみることが重要である。

　中核市の場合は、人口が20万人台の都市から60万人台の都市ま

これは、地方交付税法に規定される補正係数の一つである。

69

第 3 章　社会教育計画・財政論

でと大きな開きがある。また、財政力や財政の健全性を表す財政力指数[1]と実質収支比率[2]にも格差が存在している。このようにみると、中核市への指定は、財政能力や財政健全性にかかわらず行われている。

　このような中核市の状況をふまえて、自治体の社会教育財政の構造を明らかにするには、社会教育に関わる財政運営状況をみていくことが有効である。そのために、歳出総額、教育費それぞれに占める社会教育費と保健体育費の割合を確認することにしたい。財政力にかかわらず、これらの割合が高いほど、その自治体が社会教育行政に力点をおいていることの指標にもなるからである。

　中核市の場合では、平成 9 年度決算における各市の歳出総額は人口にほぼ正比例している。しかし、この歳出総額に占める社会教育費、保健体育費を一括した支出額については、格差が大であった。歳出総額そのものに格差があるので、割合が低くても、支出額自体は大きくなる場合がある。これに対して、教育費に占める社会教育関係費の割合をみるときは、人材の養成・配置や社会教育事業の内容・意義などのソフト面と、施設設備の整備などハード面を考えなければならない。ところが、ハード面は比較的評価がしすいが、ソフト面はそうはいかない。したがって、社会教育財政はその量的面における評価だけではなく、社会教育主事などの専門職の配置の人口比、ボランテイアの登録者数と利用頻度、社会教育事業への参加割合と数量化された評点、施設の利用頻度など、費用対効果の視点からの質的面をいかに評価するかが大きなが課題となろう。

　次に、社会教育財政の構造把握のためには、特定財源と一般財源

---

[1]　数値が高いほど財政力が強い。
[2]　財政運営上の収支均衡の原則から重要である。

第3章 社会教育計画・財政論

の関係をみる必要がある。特定財源とは、国庫支出金、都道府県支出金、地方債などの使途が特定されている財源である。国庫支出金は、政策目的の実現や誘導の意図をともなう財源であり、財源不足の市町村の依存度が大きい。このような国庫支出金は、地方財政の計画と運用の意欲を喪失させ、国への依存傾向を強める結果をもたらしていると指摘されている[1]。社会教育財政は、任意の事務であるために予算に委ねられてきたが、この構造に組み込まれている。

　社会教育との関係でこの国庫支出金とは、文部省の社会教育関係補助金である。これは、少額・零細の補助金が多いといわれてきた。しかし、先の調査によると、中核市20のすべてが財政力にかかわらずに、この補助金の交付を受けており、社会教育費に占める割合は平均2%程度であった。県支出金については、国庫支出金とともに交付される場合と、単独で交付される場合とがある。国庫、県ともに少額の補助金ではあるが、それを受けることによって、それに対応する市負担分の予算がつけられる。自分の社会教育職員時代においても、国庫補助事業を受けるときは市負担分の予算化が容易であった。しかし、規模の大きい事業については、それに対応する自治体負担額が多額となるので、他の自治体に比べると財政力のある秋田市に対し、県教育委員会から受けるよう要請されることがあった。以上のように、たとえ中核市の中にあって、財政力の豊かな市でも国庫支出金に依存している状況をみると、社会教育財政はけっして潤沢でないといえよう。なお、文部省社会教育関係補助金については、補助最低基準額の引き上げが実施され[2]、財政力に乏しい市町村

---

[1]　小川正人『戦後日本教育財政制度の研究』九州大学出版会、1991年、p.285.
[2]　これに伴い、補助金を活用する自治体が減少している実態の分析については、内田純一「文部省社会教育関連経費からみる国と地方の関係―『補助

71

第 3 章　社会教育計画・財政論

は超過負担財源を補填できず、事業の見直しを行わざるをえなくなっている。

　地方債は、自治体が資金調達のために負担する債務である。これは、一般財源の不足に対する財源補填の意味をもつ。社会教育財政においては、施設の整備のために活用されるのがほとんどである。

　これらの特定財源に対置されるのは、一般財源である。地方交付税、地方税などがこれに該当する。一般財源は、使途が特定されず、どの経費にも使用できる財源であり、歳入に占める割合が大きいほど財政の安定性と施策の自主的運営の可能性が期待できるといわれる。

　一方、支出面は、分類する基準や視点によって、さまざまな予算項目として表れる。先の調査のように、全国の自治体にほぼ共通する枠組みとして、社会教育費および保健体育費を分野別に分けた場合、収入面としての財源は、各市の財政の運営方針と実態にしたがって、これらに配分される。この配分の仕方は、各自治体の社会教育財政の特徴となっており、他にはない固有のものである。

4　自治体社会教育財政の固有性

　自治体行政の実施に不可欠な経費については、その自治体の歴史的経緯や経済的基盤、社会・文化的背景などにより、収入面としての各財源への依存の態様はもちろん、支出面としての財源の割り当て方式に特徴や相違が見られる。中核市においても同様である。

　中核市の場合、財源については、地方交付税に依存する必要がないほどに自主財源の豊かな市もあれば、地方交付税の比率が高い市

──────────────

金最低基準」引き上げの影響」『月刊社会教育』国土社、1999 年 11 月号、p. 31以下参照。

72

第3章　社会教育計画・財政論

や、補助金・地方債に依存せざるをえない市もある。そして、社会教育費、保健体育費に占める一般財源をみると、その割合が高いほど特定財源には依存していない。しかし、自主財源の乏しい市が施設を整備するにあたっては、国庫支出金が少額であるため、どうしても一般財源に占める地方債の割合が大きくなる。

　また、社会教育費と保健体育費の分野別の経費は、市によって配分の違いが明らかである。

　社会教育費のうち、社会教育総務費といわれるものは、一般に、人件費と教育委員会事務局の社会教育事業費が主なものである。この割合の高さは、文化関係費や公民館等の施設の経費と逆比例する傾向にある。社会教育施設費については、建設に要する経費のみを指している市と、公民館等以外の施設の維持管理費を含める市とに分かれる。文化関係費については、市長部局に計上している市もある。公民館費、図書館費、美術館費、博物館費は、それぞれの施設の維持管理と運営に要する経費である。公民館はすべの市で設置されているが、大きな格差がある。

　保健体育費については、体育施設費がすべての市に設けられているが、開きが大きい。保健体育総務費は、計上されていない市もあるほか、計上していても格差が著しい。そして、保健体育総務費とその他は逆の相関関係にある。

　以上、社会教育費と保健体育費を見る限りでは、財政力や財政規模の差異にもとづく社会教育関係費支出の構造的特徴があらわになっている。しかし、これでも、各市に独自の社会教育財政の構造は明らかになったとはいえない。さらに細かく人件費の構成について、また事業費の内容や特質、意義、成果などについても分析評価し、社会教育財政の具体的な構造を指標でもって示したうえで、比較検

73

第3章　社会教育計画・財政論

計することが求められる。このようにして、さまざまな格差と実態が把握されていくが、それをトータルでみて各市の社会教育財政の固有性ということができる。

5　自治体社会教育財政の共通性

　自治体財政の固有性の形成に関わって、特定財源への依存と地方交付税の使途の問題は重要である。自治体財政において収入面が一般財源のみによって成り立つ場合は考えられず、また地方交付税についてもほとんどが依存し、その使途の内容が共通の課題となっている。

　まず、特定財源の補助金は、自治体間の財政力格差の是正のために、また教育機会均等の実現に向けての最低基準の確保を目的に、拡充がはかられてきた。しかし、補助金の活用は国の政策目的の枠組みからはみ出るものではないので、交付税制度への組み入れを通して一般財源化されるべきであるとされる[1]。

　次に、地方交付税については、教育の他の分野や教育以外の行政分野に流用される可能性はつねに存在している。この交付額を教育費、そして社会教育関係費として使うかどうかは、その自治体の判断と裁量に委ねられているからである。地方交付税は、使途が特定されない一般財源である。このような税の交付の根拠となるのは、基準財政需要額である。これを算出する場合の数値は、単位費用として示されている。単位費用は、標準団体が標準的な行政を実施するうえで必要とする財源の基準として示される。そして、10万人を単

---

[1]　小川正人「日本・国と地方の教育予算と教育行財政制度」小川正人編著『教育財政の政策と法制度―教育財政入門―』エイデル研究所、1999年、pp. 189-192.

位に積算した需要額をその都市の人口に比例的に按分した額が、一応、社会教育関係経費として析出される。これによって、単位費用の考え方が社会教育財政に反映されていると見ることができる。

しかし、各自治体の社会教育関係費全体が単位費用を基準に積算した需要額に及ばない場合は、地方交付税は他の行政分野に流用されている可能性がある。また、単位費用自体が低額に抑えられているので、社会教育費は脆弱性が明らかである。地方交付税は、国が標準と考える行政の目安にすぎず、むしろこれまでの社会教育財政の市町村主義の原則との関連で[1]どのような問題が提起されるかなど、検討を必要とする課題は多い。

以上のような特定財源と地方交付税の検討から、自治体の社会教育財政は、地方交付税に依存せざるをえないことがほぼ共通していることがわかる。依存しなくてすむのは、ごく一部の裕福な自治体である。このような状況は、社会教育財政の国依存を表している。地方交付税そのものが国庫補助金的性格をもち、必然的に国の政策的判断や裁量が反映されることが、もっとも大きな要因であろう。

6　社会教育財政と生涯学習推進計画

自治体の予算運営は、財政需要を総合的に考慮して計画的に進められる必要がある。教育行政はそのような行財政計画の一部であり、自らの一般性と特殊性をどのように調整していくかが重要課題とされているが[2]、行財政計画における社会教育関係費は、一般行政

---

[1]　この原則の現状と問題点については、白石裕『分権・生涯学習時代の教育財政－価値相対主義を超えた教育資源配分システム』京都大学学術出版会、2000年、pp. 231-232.

[2]　小川・前掲、p. 187.

75

第3章　社会教育計画・財政論

と教育行政のせめぎ合いの均衡点として示される。しかし、生涯学習を推進するための計画に、一般行政の行政施策を生涯学習施策として位置づけようとすれば、このような財政運営は、むしろ社会教育財政の支援の役割を果たすことになるであろう。

　先の調査結果によると、中核市の場合、教育行政の側で一般行政の生涯学習関係事業を把握しているのは約半数の市であり、事業費までも把握しているのはごく少数であった。この事業費の社会教育関係費に占める割合には大きな開きがあった。これを考慮しても、中核市の生涯学習事業のウェイトは教育行政にあると推測できる。

　次に、数市においては、学校教育関係事業のなかでも生涯学習関係事業と位置づけられるものがあるという認識を示している。社会教育財政を生涯学習の視点でとらえ直し、生涯学習支援のための財政制度として、学校教育財政と社会教育財政を有機的な関連をもたせて包摂するならば[1]、そのような視点は重要である。今後、さらに一般行政と教育行政の生涯学習関係事業を捕捉していくならば、社会教育財政は生涯学習という広がりとともに、その規模の拡大と構造の特徴が明らかになるだろう。

　また、生涯学習推進計画については、約半数の市で教育委員会が一般行政の事業を含めて作成している。ごく一部の市が市長部局で作成している。中核市ほどの規模において、全行政分野を生涯学習の視点で統括した計画を作成するには、それが具体的実施計画であるならば評価に値する。これに財政計画がともなうならば、ある程度の長期的展望において、社会教育財政の生涯学習の視点に立った全体把握が可能となるだろう。

1　白石・前掲、p. 246.

第3章　社会教育計画・財政論

7　残された課題

　これまで、社会教育財政は市町村主義のみならず、受益者負担の原理にもとづく私的負担の領域に押し込められてきた。その帰結が、現在の財政規模と財政基盤の脆弱性である。これは、克服されるべきである。規模の大きい多様な行政分野を抱えている中核市が、このような社会教育財政の基盤強化に成功するならば、周辺市町村のモデルとして期待できるだけでなく、圏域における社会教育サービスの提供という社会教育行政の広域性の要請にも応えられる。したがって、中核市の社会教育財政の構造改革は、市町村社会教育財政における共通課題の解決の一環として行われるべきであり、その規模に相応の主体的な努力を求められるといえよう。

第4章　社会教育関係団体論

第1節　社会教育関係団体支援

1　社会教育職員による支援

　戦後の社会教育は、施設主義に立っているので、戦前のような団体主義に立ち、しかも国策の遂行のために、青年団や婦人会などの団体を教化の対象にすることは考えられない。自分が社会教育職員として社会教育関係団体と関わった時代も、そのようであった。しかし、社会教育関係団体の育成という視点はあった。育成というと、優れた者の立場から教育をするような意味にとらえられがちであるが、社会教育活動の推進をはかるために、社会教育行政との相互協力関係の構築を働きかけ、運営上の問題に対して相談に応じ助言・指導をするという認識を越えるものではない。また、物的な面での支援も継続的に行っていた。

　このような関係は、行政区域のすべてにおいて一様ではない。教育委員会事務局の社会教育課と、地域の総合的な社会教育施設とみなされてきた公民館とでは、対応が異なる。前者の場合は、各団体の全市的な活動のための事務局の場所を提供し、その場所で団体に雇用された職員が事務の仕事を行うとともに、社会教育職員が相談に応じ、必要な場合は助言や指導を行うというものである。これに対し、後者では団体に場所を提供するよりも、公民館職員が団体の事務を公民館において直接行う場合が多かった。それだけ、団体活動は公民館活動にとって必要であり、また全市レベルよりも地域レ

第4章　社会教育関係団体論

ベルの組織が公民館の事務援助がないと活動できないといった脆弱性をもっていたのである。さらに、地域レベルの団体活動に対しては、事業内容・実施方法にまで公民館職員が助言・指導を通して深く関与していた。もちろん、全国的にみても自治体によって格差や違いがあるが、自分が勤務した自治体の公民館は、すべてそのような状況であった。

　団体支援は、法の定めにもとづいて実施するべきことはもちろんであるが、その定め自体が必ずしも明確ではない。明確な部分はそれに忠実にしたがい、不明確な部分については裁量的に対応してもよいはずである。すなわち、社会教育職員としては法で禁止されていることには手出しはできないが、それ以外は団体にすべての面で有利に配慮したい気持ちになる。

2　団体支援の方法

　社会教育の領域で団体支援を論じることは、社会教育関係団体支援論を意味する。社会教育関係団体については、社会教育法第 10 条から第 14 条にわたり、定義や統制的支配の禁止、求めに応じた助言・指導、補助金交付、報告などが定められている。従来の社会教育行政による社会教育関係団体への支援は、これらの定めにもとづき行われている。

　このような社会教育関係団体とはいかなる範囲のものかは、明確な規定がない。一般的には、地域を成立母体とする青年団、婦人会、PTA 等を指している[1]。従来の社会教育行政における団体支援は、

1　国生寿「社会教育関係団体」社会教育・生涯学習辞典編集委員会編『社会教育・生涯学習辞典』朝倉書店、2012 年、p.243.

第4章　社会教育関係団体論

これらの団体を主な対象に、自主性の尊重のもとに力量向上などの自主的発展を支援し、組織的な活動の充実をはかるため、助言・指導や物資の援助、補助金交付などを通じて行う形態をとっていた。

しかし、そのような助言・指導や補助金を中心にした奨励という方式による団体への支援は、戦前からの伝統的なやり方と変わっていないといわれる[1]。また、多数の非営利組織・団体（NPO法人等）が市民活動を行っている今日、社会教育行政が従来の社会教育関係団体のみに限定して関わることは許されないであろう。法の定義からしても、これら以外も社会教育関係団体とみなすことができる。NPO法人はさまざまな目的で活動しており、社会教育の推進を目的とする団体も多い。とすれば、社会教育行政は、新たな社会教育関係団体との関わりに直面しているだけでなく、社会教育関係団体支援のあり方についての再検討を迫られているといってよい。これが、法の趣旨としての求めに応じての公正な支援につながるのであればよいが、団体の行政への依存と統制の関係をつくりだすことは、問題とされなければならない。

社会教育においては、なぜ社会教育関係団体を支援することに意義があるのだろうか。戦前は、青年団、婦人会等を教化団体にして国策の実現に動員するという明確な意図があった[2]。「社会教育の歴史は、国家統制と国民教化の方法手段としての官製の『関係団体』の歴史でもあった。」[3]といわれるほどである。しかし、今日においては、法の趣旨にもとづき、社会教育の本質とされる人びとの「自

---

[1]　井上英之「社会教育行政の構造と課題」島田修一・藤岡貞彦編『社会教育概論』青木書店、1986年、p. 117.

[2]　佐藤一子「近代社会教育の理念と歴史」同上書、p. 49、p. 54.

[3]　『基本法コンメンタール/教育関係法』別冊法学セミナーNo. 115、日本評論社、1992年、p. 314.（姉崎洋一執筆）

己教育・相互教育」を促すために、団体活動を奨励することに社会教育行政の役割がある。このような形の団体支援は、戦後の社会教育行政の理念である「環境醸成」の一環に位置づけられる。にもかかわらず、従来の団体支援論は、社会教育関係団体への補助金交付の憲法問題や団体のリーダー等への助言・指導の是非の問題を中心にした、行政による団体統制を危惧する法制論の性格が濃く、具体的な支援方法についての検討がなされてこなかったといえる。

そこで、新たな団体支援論が必要となるが、いまだ今後を展望できるような団体支援論は乏しいように思われる。青年団体に対する支援の場合をみても、青年の自主性を尊重することを前提しながら、青年団体の指導者としての社会教育職員および青年リーダーの養成が行政施策に位置づけられ、行政主導が色濃いものとなっている[1]。また、団体支援一般については、団体の事業を通じての支援として、行政主導による事業委託や事業への補助金交付、事業共催、事業への後援名義付与、団体からの申請による事業開設が考察されているが[2]、きわめて限定された視点となっている。これらは、当時の実務家の手になるものである。

具体的な支援方法としては、これまで行われてきた施設の無料提供や使用料の減免、助言・指導のみならず、講座・セミナーの開催等の学習機会提供や情報提供、さらに相互交流、さまざまな協働な

---

[1] この例として、由利忠四郎『青年団体の組織と運営』日常出版、1989年、pp. 217-239. この著作は、秋田県における青年団体活動の自らの体験と文献・資料にもとづいて考察したものである。青年団体についてまとめた著作があまりない中での労作である。

[2] 的野信一「団体援助の特徴（類型）と課題」木全力夫・則武辰夫編著『社会教育計画の理論と実践』東洋館出版社、2003年、pp. 167-183.

第4章　社会教育関係団体論

どが考えられる。これらの手段は、行政と団体によって共有すべき
ものと位置づける必要があろう。なぜならば、行政と団体、団体同
士それぞれの関係から、新たな支援方法が創出されてくる可能性が
あるからである。このようにして、新たな団体支援論が構築されて
いくものと考えられる。

　したがって、団体による団体の支援という視点が重要になってく
るであろう。従来は、団体支援イコール行政による支援ととらえる
傾向にあった。しかし、NPO法人等の民間の非営利的な団体がさま
ざまな活動資源をもち、他の団体やボランティアを支援できるよう
になった今日においては、団体支援は、行政による民間団体に対す
る支援のみならず、民間団体同士の支援関係にも目を向けたもので
なければならない。とくに、民間団体間の支援を検討するにあたっ
ては、中間支援団体、たとえばNPOを支援するNPOの存在を考慮
する必要があろう。

第2節　地縁団体支援

　社会教育関係団体のもっとも典型的なものとして、地域に成立基
盤をもつ団体があげられる。これらには、青年団や婦人会のように
戦前からの団体が含まれている。戦前においては、国策遂行のため
の教化団体として国が強く統制してきたこともあるが、なによりも
戦後の民主主義社会を築くにあたっても重要な役割を果たすことが
できるという位置づけのもとに、社会教育行政が中心になって関わ
りをもってきた。これら従来の団体に対して、PTAは戦後に米国を
モデルに成立した団体である。自分は、各種社会教育施設や教育委
員会事務局の社会教育職員時代にこれらの団体に関わりをもつ機会

82

第 4 章　社会教育関係団体論

があった。もちろん、それ以外の団体との関わりも経験している。それらの中で、婦人会その他の女性団体、老人クラブ、PTA についてはある程度深く関わったので、社会教育職員としていかに関わったのかについて述べる。また、青年団については、社会教育行政としてはその育成・支援が必要視されながら、実現をはばむ事情があまりに多かったので、今後の関わり方を展望する意味においても語ることにしたい。

　なお、PTA については、職員時代に論稿をまとめたこともあるので、節をあらためて「PTA 活動支援」として論じる。

1　婦人会その他の女性団体

　婦人会の全国組織は、全国地域婦人団体連絡協議会、いわゆる地婦連である。このもとに、県全体の組織である秋田県連合婦人会があり、さらに市町村単位に連合婦人会があった。市町村の連合婦人会はまた、地域の婦人会によって構成されている。このような組織構成は、主な社会教育関係団体にほぼ共通するものであろう。

　自分の公民館職員時代には、組織として地域婦人会との関わりは、市の制度であった公民館運営協力委員として、地域婦人会からも委員を選出し、公民館運営に婦人層の声を反映すると同時に、公民館主催の婦人学級・講座や文化祭への参加など公民館事業への協力をえるものであった。公民館活動のエリアは、人口が約 6 万人ほどであるが、都市部と周辺部が混在していたため、地域婦人会もそれらに応じて当然、意識が異なり、運営の仕方も違っている。しかし、いずれも自主的に運営されていて、公民館としては求めに応じた助言をする程度の関わりである。このような地域婦人会もメンバーの高齢化が進んでおり、後継者の養成が問題となっていた。

第4章　社会教育関係団体論

　これに対し、人口約 31 万人の市の連合組織は公民館単位の地域婦人会より構成されているため、その事務・事業の分量や規模が大きい。社会教育における女性教育の振興のためには、その核となりうるだけでなく、社会教育事業の運営にあたっては協力もえることができるという意図もあって、団体支援として市連合婦人会の事務局を市の施設の一角または社会教育課内に置くことに配慮していた。事務局職員も独自に雇用し、社会教育行政との関わりの窓口にもなっていた。担当課の社会教育課も女性教育担当を置き、助言・指導や情報提供などを通して支援を行った。自分は社会教育主事ではあったが、係長、課長補佐、参事（課長対待遇職）としての間接的な関わりをした。

　このような地縁団体は、各地域から役員が選出され、しっかりとした役員構成になっており、役員会の運営、事業遂行に必要な予算管理等が行われていた。役員のメンバーは、固定的であった。社会教育職員の立場から見ても、リーダーにはもっともふさわしいと思われる人物が選出され、役割分担のもとに業務が遂行されていた。そして、社会教育委員にも女性の代表として委嘱することが恒例となっていた。担当職員には決まって女性があてられ、ふだんはその職員と婦人会の事務局、問題によっては役員との話し合いにより、ものごとが決められ、あるいは問題解決がなされた。職員の上司は、よほどのことがない限り具体的に関わることはない。

　社会教育行政にとっては、内外におけるトラブルのきわめて少ない平穏な団体である。それだけに、行政としていわゆる地域課題や生活課題への取り組みが必要になったときは、利用や活用がしやすい団体であり、行政からの要請や働きかけについては多くの場合、応えてもらうことができたように記憶している。しかし、ここで忘

84

第4章　社会教育関係団体論

れてならないのは、社会教育関係団体であるのだから、学習の推進
の視点に立った活動の支援である。自主性の尊重は大切であるが、
このような女性団体が学習活動を活発にすることができるような、
条件整備を行うことが社会教育行政としての役割であるだろう。

　その他の女性団体として、女性団体の連絡協議会があった。これ
は、婦人会のような伝統的で固定的な団体ではなく、市内の女性団
体を網羅して結成された。リーダーは、有識者で社会的地位が高い
人物であった。明確な目的意識をもって、課題の解決のために学習
し、行動する性格をもっていた。自ら求めて女性教育担当職員の助
言を請うことが多く、社会教育行政の枠を越えてさまざまな行政領
域に関わる課題に取り組む必要性があったため、担当職員には他の
行政分野との橋渡しを依頼することもよく生じた。目標実現を目指
すも難題が多く、担当職員ともども話し合いの場に参加しても、社
会教育職員と団体との相互学習のような錯覚をおぼえることが多か
ったように記憶している。

2　老人クラブ

　老人クラブは、町内単位からはじまり、地区（公民館単位）、市町
村、県、全国レベルにわたる。会員の資格は、おおむね60歳以上と
なっているが、実際上は退職後の 60 歳代後半の男女によって構成
される場合が多い。このため女性であれば、とくに町内や地区レベ
ルでは、婦人会の会員と重複する高齢者も存在する。個人差は大き
いが、今日の男女の平均余命からみても、健康で社会的な活動が十
分可能である。

　自分の公民館職員時代には、老人クラブとの関わりは、スポーツ
関係や女性関係など他の団体と比べてもかなり大きなウェイトを占

85

第 4 章　社会教育関係団体論

めていた。というのは、公民館において地区老人クラブの事務を行っていたからである。市内 6 公民館のすべてがこのような関係にあった。ルーティンワークの部分については、非正規の臨時職員が担当していたが、相談、助言などの業務は正規の公民館職員が担当した。公民館の規模によって職員数も異なるが、中央公民館以外は正規の職員は館長を含めて 3 人であり、それ以外は臨時職員であった。自分は当時、「主査」(係長待遇) という職名であり、老人クラブの担当であった。役員会や総会にも出席し、決定にもとづいて事務担当の職員とともに事務手続きをとるのが日常業務であった。

　このような老人クラブとの関係性は、公民館の運営にも役立つことが多かった。やはり婦人会と同様、リーダーに公民館運営協力委員を委嘱し、社会教育関係団体の声を公民館事業に反映させることができた。すなわち、年 1 回の公民館文化祭はもとより、公民館の高齢者大学や高齢者学級への参加と運営に対しては、きわめて協力的であった。とくに、大学や学級での学びは意欲的であり、出席率もよく学習態度も良好であった。それというのも、当時の高齢者は、今日ほどの高学歴社会で育った世代ではないため、知識獲得の学びに飢えていたことによるのかもしれない。これらの学びの機会の情報提供は、地域の老人クラブを対象にしていたため、参加者は老人クラブ会員であった。職業経験は多様であり、女性であれば主婦が多かった。しかし、老人クラブのリーダー層は学校教員、公務員、以前の公社・公団系職員の経験者が多く、現職時代の社会的階層構造がそのまま老人クラブに反映され、しかもそれぞれの職場の職位による序列までが影響を与えていた。

　このような構造は、高齢者大学・学級の運営にもそのまま反映されたが、担当職員として実際の学びにおいては異なる面を発見した

ことがある。学びの内容や方法によっても違いがあるかも知れない
が、高齢者大学のプログラムの中で「自分史」の連続した学習の後
に、実際に参加者から自分史を短い文章として書いてもらった経験
を語ることにする。書いた自分史は、講師（大学の文学の教員）に
講評してもらった。講師に提出者全員の自分史をすべて読んでもら
うには分量が多すぎるので、担当者である自分があらかじめ選択し
た自分史に講評をお願いしたのである。運営委員会を組織し委員か
ら選択してもらうのが社会教育における学習にふさわしいのだが、
40歳代前半の自分にとっては、経験豊かな高齢者といえども信用で
きない気がして、自分で行ってしまったのが今に至るも反省点であ
る。自分の選択と講師の講評から見ても、自分史のできばえは退職
前の職業との関連性はあまりなかった。学歴が乏しくても、また社
会における職業的地位が低くても、優れた自分史を書いた高齢者が
多くいたほか、講評の対象になった者の中には高齢者大学での延長
で自分史を完結し、本として出版した高齢者もいたほどである。高
齢期の学習の可能性の大きさと重要さを痛感した。

　地区公民館においては、以上のような団体活動そのものと、公民
館の高齢者への学習機会の設定の2つの面で老人クラブと関わるこ
とができた。老人クラブに関しては、市の老人クラブ連合会と各地
区公民館の担当者との情報交換会もあった。各地区の老人クラブと
公民館との関わりについての公民館側からの報告においては、自分
があまりにも率直に現状を述べてしまい、担当地区の老人クラブの
リーダーに恥をかかせる結果となり、一時的に険悪な関係になった
ことがある。高齢者は人生の豊富な経験者であり、その人の職業的
な地位も関係して自尊心が強固であるので、団体活動を支援する立
場の社会教育職員としては、言動によほど注意しなければならない

87

第4章　社会教育関係団体論

と心するようになった。自分も高齢者となった現在、むしょうに感慨深いものがある。

3　青年団

　青年団との出会いは、公民館職員となってからである。それまでは、青年会と称する青年団の存在は知っていたが、どのような活動を行っているのかまったく関心がなく、公務員としての職業生活と余暇生活においては必要性を感じることもなく、自分には無縁の存在であった。公民館に勤務してから間もなくも、日常業務の中で青年教育の停滞の現状と今後の復活・再生の必要性を周囲から語られ、また公民館職員の研修会や社会教育主事講習において、青年教育について学習する機会があったが、とても身近な領域とは思われなかった。

　しかし、その後間もなく、地区の農山村地域の青年会の活動に直面することになる。組織の全体像はまだ知るよしもなかったが、公民館事業としてその地域の保存会、小学校と連携して実施してきた番楽保存伝承活動に、地域の青年会のメンバーが取り組んでいることがわかり、活動を通して組織の全体も把握できるようになった。そうしているうちに、青年会で地元の千メートルクラスの山に登山道の藪払いをしながら登る計画を知らされ、公民館側から積極的に参加する意志がないところに誘いがあり、しぶしぶ登山に参加することになった。こうして、青年会とのつながりができていくと思っていたやさきに、青年会メンバーは職業生活が多忙であるという理由でリーダーが退き、また番楽保存伝承活動に取り組んでいたメンバーもいつの間にか参加しなくなっていた。そのようなときにも、公民館としてはまったく無策であった。その当時は、全国的にも青

年教育は困難というよりもあきらめの状態であった。それゆえに、公民館運営協力委員の会議や公民館運営審議会、そして社会教育委員の会議でも問題にされることはなかった。公民館職員としては、他の業務で忙しく、青年教育にわざわざ取り組む余裕はなかったので、市全体の公民館職員の集まりでも話題になるようなことはなかったと記憶している。

　それでも、青年団との関係は続いていた。地区内に他の地域の青年会組織がまだ残っていて、そのリーダーと公民館のつながりがあった。助言を求めて公民館に立ち寄ったさいに、活動の状況を知る機会はあった。組織はあるが、活動目標がないという状態であり、公民館職員としては力量を問われることであるが、助言できるようなことは何一つなかった。

　公民館職員時代は、青年教育の振興にとってはまったく貢献できなかったといってよい。社会教育課勤務となっても、状況は変わらなかった。今度は、市全体の青年教育に取り組むことになった。組織全体、つまり市の連合青年会の組織はあるが、活動の実態がほとんどないものであった。かつて市の連合青年会は、作家の石川達三記念室の設置や菅江真澄（江戸後期の国学者・旅行家）の巡歴地への標柱設置などにみられるように、特徴のある活動をしてきた団体である[1]。このような伝統も忘れ去られ、青年教育の停滞は市全体でも歴然としていた。その中にあって、社会教育課が担当している毎年の「成人の日」記念式典を運営するための実行委員会のメンバーに、連合青年会のリーダー格が加わっていた。若者のための式典で

---

[1]　秋田市の連合青年会をはじめ、秋田県内の青年会を中心とした青年団体の活動を記した文献は分散しており、まとめたものとしては前掲の由利氏の著作が唯一のものである。

第4章　社会教育関係団体論

あり、青年会活動で培ってきたアイデアを取り入れようとしたものであったが、これを契機に青年教育を復活・再生させようと、関係職員で検討を続けてはみたものの、それにつながるアイデアもまた生まれなかった。

　以上のように、青年団の復活・再生は夢か幻のように感じられた。かつての共同学習を展開したような青年団は、果たして必要なのであろうか、また可能性があるのだろうか。

4　子ども会育成会

　これは、子ども会世話人会とも呼ばれている。子ども会は、幼稚園児から小学校児童までの年齢段階の町内会の子どもの集団である。幼稚園児が加入していない子ども会も多い。子ども会育成会とは、このような子ども会を世話し、子どもの育成をはかる団体といえる。そのような年齢の子どもをもつ親たちによって結成されているのであるから、親たちは生涯発達の段階では成人期にある。だから、育成会は成人団体である。

　育成会との関わりは、公民館職員となってからである。公民館勤務の5年間は、自分の30歳代後半から40歳代前半にかけてであり、育成会のメンバーの年代とほぼ重なる。自らも町内子ども会育成会の一員である。町内子ども会育成会がもっとも小さな単位で、その上に小学校区の子ども会育成会があり、各小学校区の子ども会育成会を束ねる形で公民館のエリアである地区の子ども会育成会があるという組織構造になっていた。地区育成会の役員には事務局長という役職もあったが、実際の事務・事業は公民館で行っていた。公民館による団体支援のための事務・事業の一環であった。育成会の年代の成人は職業生活においても多忙であるため、地域活動に多くの

第4章　社会教育関係団体論

時間をかけることは困難であった。にもかかわらず、成人団体を公民館につなぎとめておくためには、貴重な存在であった。

　このように、育成会は公民館と一体となった組織であったため、役員会や総会は公民館がとりしきる運営となっていた。事業を行うにあたっても、育成会の意見を取り入れることはもちろんあるが、公民館が企画・立案し役割分担まで決めた。それでも、この年代の成人たちはきわめて公民館に対して協力的であった。加えて、自分自身が育成会のメンバーと同年代であったので、公民館職員と地域の団体の立場を越えて、相互に学び合う関係を形成していたといってよいだろう。上からの助言や指導という行政の悪しきやり方ではなく、対等な関係で教育課題に取り組むことができるという長所があった。しかし裏を返すと、これがまた短所でもある。育成会のメンバーの年代と異なる年代の職員であれば（先輩、後輩のいずれであっても）、もう少し客観的にものごとを見て冷静に助言や対応ができたと思われる。

　この子ども会育成会組織とは、社会教育課勤務時代に間接的に関わることになる。というのは、社会教育課の業務は青年や成人の担当と、児童育成の担当を分けており、自分の担当分野は前者であったからである。この全市的な組織は、育成活動の経験が豊かなメンバーが役員会を構成しており、活動の基本的な方針を決め、事務的な仕事は行政で行うという仕組みになっていた。そのため、求めに応じた助言という法の趣旨に立ち返ることができた。

第3節　PTA 活動支援

1　問題意識

91

第4章　社会教育関係団体論

　PTA 活動には、自らに子どもがいる場合、早ければ幼稚園児のときから関わることになる。一般に、幼稚園においては、PTA 活動は必ずしも活発ではない。しかし、小学校児童になると、保護者は当たり前のように PTA 会費を徴収され、PTA 会員となる。活動に無関心な保護者が多いが、自覚的に行動する保護者はある程度存在する。中学校生徒時もほぼ同様である。高等学校生徒時においても、会費は徴収されてしかたがないと思うが、PTA 会員としての意識をもつことはあまりなく、自覚的に行動するのは一部の保護者である。これが、自分の PTA に対するイメージである。

　それでは、子どもをもつ親として学校との関わりを述べる。幼稚園在園時には、父親参観や学習発表会には何度か参加したが、入園式・卒園式へ参加したことはない。小学校と高等学校在学時には、子どもの学校でのトラブル問題のため、教員と面談したことはある。中学校在学時には、そういうこともなく、学校には一切足を踏み入れたことはない。以上の関わりも、PTA 活動としてではない。

　このように、子どもの親としての PTA 活動は無きに等しいが、社会教育職員として義務教育段階の PTA 組織とその活動への関わりは 6 年ほど経験した。市の連合会の事務局は社会教育課に置くことに配慮し、つねに連携できるようになっていた。役員の体制も強固であり、社会的影響力のある成人が担い手であった。それだけに自己決定力があり、社会教育行政が団体統制を行う余地はほとんどなかったといってよい。しかし、行政上の組織的な命令として、統制に取り組まなければならない場合がある。

　学校週 5 日制の施行にともない、子どもたちの土曜日の受け入れ体制の整備としての学校開放を、各学校の PTA に担わせるというのは、教育委員会の意向であった。行政組織の上意下達の世界では、

第4章　社会教育関係団体論

その是非を検討することなどありえず、目標の実現にむかって突き進むだけであった。役員会では合意をえても、各学校のPTA会長の集まりではそうはいかず、反対が強くつるし上げ状態になったこともあるが、時間の経過とともにやがて終息に向かい、受け入れ体制も暫定的なものであったが整うことになった。行政のやり方を含めて、社会教育職員として創意工夫を凝らしてうまく対処できなかったのかと反省したが、そのときは明らかに力量が不足していたと思い返している。

　本節は、このような実践体験にもとづいて、PTA活動の支援について考察するものである。社会教育行政職員として、PTAという具体的に社会教育実践を担う人びとを客体ではなく、実践の主体と位置づけ、分析する主体である自分との相互主体的な交流の中で、実践分析を試みたものである。

2　PTAと学習活動の本質
(1) PTAの学習団体としての性格

　「父母と先生の会」であるPTAは、法的根拠のない任意の自主的な団体であり、それへの加入も自由である。しかし実際には、親は子どもの入学と同時に入会するシステムになっており、自発的な意志にもとづかずに、世帯を単位に入会するのが当然となっている。このことが、目的集団としてのPTAのメンバーの意識の低さや相互の結び付きの弱さの原因にもなっているといわれる。また、教師が一方のメンバーであるため、学校での子どもの教育にたずさわる教師と、子どもの教育を教師に託している親という相異なる立場が同一の組織の内部に混在している点で、相互連携に関わるさまざまな問題が提起される。たとえば、子どもの教育をめぐって対教師の関

93

第 4 章　社会教育関係団体論

係に立つ「PTA 父母会議」や「学校父母会議」の活動にみられるように、組織内部での分裂的活動とか組織外での新たな活動の展開はその一例であろう[1]。

　従来、PTA は「社会教育関係団体」であるといわれてきた。子どもたちの校外での生活の指導を行うことが校外教育であり、これは社会教育の一分野である。PTA はこの担い手として、社会教育行政から補助金の交付や組織活動にあたっての援助を受けるなど、一般の団体とは異なる有利な取り扱いを受けてきたからである。

　しかし、PTA は、社会教育審議会報告のように、「子どもの健全な成長をはかる」ことを目的とし、「親と教師が協力して、学校および家庭における教育に関し、理解を深め、その教育の振興につとめる」教育団体であるとすれば[2]、父母と教師がともに学習し連携していくことが必要とされ、学習団体としての一面をもつ。だからといって、PTA 活動の目的が学習すること自体にあるとはいえない。学習権その他の子どもの人権を保障するために、親と教師が協力して活動することである。そのために必要な限りで、会員は教育問題やそれと関連する生活や社会の諸問題について学習するのである[3]。そして、この学習過程は、親同士や教師と親との関係における「要求の自覚、確認、共感や相互批判、認識の深化」[4]ととらえられている

(2) 学習活動の集団的性格と相互主体的関係

---

[1]　この動向と分析については、今橋盛勝「いじめ・体罰と父母の教育権」1991 年、岩波ブックレット No. 191、1991 年、同『教育法と法社会学』三省堂、1983 年、特集「父母が学校を開く」雑誌『世界』1990 年 5 月号、岩波書店などが詳しい。

[2]　昭和 42. 6. 23 社会教育審議会報告「父母と先生の会のあり方について」

[3]　宮坂広作『PTA 改革論』明治図書、1974 年、p. 163.

[4]　宮坂・前掲書、p. 164.

第4章　社会教育関係団体論

PTAの学習活動は、親同士や親と教師との関係にみられるように相互的である。学級、学年、全校のいずれのPTAをとっても、集会、懇談会、討論会、研修会、サークル活動などの形をとるが、それぞれ会員の学習意欲と実践が不可欠である。しかも、子どもの教育をめぐる諸問題が親個人や個々の家庭での学習と実践により解決できるものではなく、集団的あるいは社会的な解決を求めざるをえないから、このような学習活動の集団的性格にはとくに注目してよい。また、その学習過程は相互に学ぶ関係として、成人の相互主体的なコミュニケーション的行為による共同性と、子どもと自己の成長・発達の達成を共通目的とするアイデンティティ形成の関係である。その意味では、より自治的な学び合う関係を形成する過程といってよい。

以上のようなPTAの学習活動は、これまでともすれば権利論の視点から、対立的な関係に置かれてきた親の教育権と教師の教育権とを融和させる役割を果たすと考えられる。

3　教育力の形成とPTA活動
(1)　子どもの発達的環境と家庭・学校・地域の教育力の相互関係

子どもの豊かな成長・発達のために、学校教育の果たす役割は重要である。また、家庭や地域の生活の中で人間形成がなされているという事実も明らかである。学校の本質や役割については、多様な説明や意味付与がなされている。ここでは、それらの是非について検討する余裕はないが、子どもの発達の危機が学校のみならず、子どもの発達的環境である家庭や地域の教育機能あるいは教育力の低下にも起因していることについては、再認識してもよいと思われる。

学校のあり方を問うことは、教育制度論のうえで重要な課題であ

第4章　社会教育関係団体論

ろう。学校と家庭・地域の役割分担を明らかに区別することはでき
ず、学校教育における教授＝学習過程さえも、子どもたちの家庭・
地域における学習活動や生活と密接な関わりをもっていると考えら
れていることから、むしろ学校と地域の結合のあり方が追求されな
くてはならない。その試みの一つが、「地域にねざす教育」の実践で
あろう[1]。これは、学校の側から地域の教育的意義を見出していく視
点であり、地域の教育力の低下が学校のそれを招いているという認
識にもとづいている。これに対して、地域の側から学校との結合を
求める実践もなされてきた。それは、これまでの社会教育実践とし
ての在学青少年の学校外教育や家庭教育の推進などに示されている。
これらは、学校教育の成果を生かしつつ、家庭や地域の教育力の再
生と充実をはかろうとするものである。

　このような、家庭、学校、地域それぞれの教育機能の相互の結節
点に、PTA の存在があることは注目されてよい。PTA 会員としての
親は、家庭では親子関係を形成し、また、地域では子どもの育成の
ために組織活動を行い、あるいは関係機関・団体への働きかけがで
きる立場にあり、さらに、学校では学級 PTA から学校 PTA を通じ
て子どもの生活や学習について、親の意見表明権や教育条件整備の
ための要求権を行使できる。いわば、親は家庭、学校、地域のすべ
てにその足場があり、相互の連携をはかりながらそれぞれの機能を
高めることができる地位にある。もっとも、学校との相互関係にお
いては、教師の専門職性との関わりにおいて、教育内容・方法等に

---

[1]　このような教育実践は、学校が地域を「教育の主体」のみならず「教育的
価値」として捉える視点に立っている。くわしくは、太田政男「子ども・青
年の発達と学校・地域」、島田修一・藤岡貞彦編『社会教育概論』青木書店、
1982 年、p. 266-275.

第 4 章　社会教育関係団体論

対する親の意志の介在は困難であろう。これに対して、教師会員は、家庭と地域に足場がない点で PTA 組織内部の異質な存在とみなされがちであるが、子どもの成長・発達という視点から家庭や地域の教育機能は重要であり、それらとの連携・協力はもちろん可能である。

(2) 家庭、地域の教育力の形成・再生と PTA 会員の学習

　家庭と地域の教育力とは、どのようなことを意味するのであろうか。ここでは、現代社会におけるその意味内容を再検討し、成人としての PTA 会員の個人による、あるいは共同的・集合的な学習活動がどのような関わりをもつかを明らかにしたい。

　家庭の教育力とは、子どもの社会化と自立への教育機能、いいかえると基礎的な人間形成機能をいう。それは、親が家庭で子どもをしつける営みが家庭教育であるという考え方を前提にしている。意図的あるいは無意図的な親子間の相互作用を通じて、そのような人間形成機能が発揮できるような家庭づくりについて学習し、それを実践することが、家庭教育の主体である親としての PTA 会員の課題である。たとえば、宮原誠一の提唱するように[1]、家庭の変化にともない、生産的労働を通じての家庭の教育機能が失われてしまった今日、親が子どもと共に労働や活動、生活などの直接体験をする機会をしくみ、あるいはそのような体験を現代社会において代替する校外教育施設づくりへ PTA 活動として取り組むことが考えられる。

　親は個人学習として、自己の家庭の教育のあり方について学ぶことができる。しかし、今日の家族あるいは家庭生活の変化の中においては、PTA という集団的アイデンティティのもとに家庭間の交流

---

[1]　宮原誠一『PTA 入門』国土社、1990 年、p. 214-222.

97

第4章　社会教育関係団体論

を通して学ぶことが、個々の家庭では解決できない子どもの成長・発達に関わる諸問題を、家庭の連帯で解決に導くことを可能とするだろう。そのためには、家庭の教育力を形成・再生するために、親としてどのような課題を克服し、これが共同行為としてのPTA活動とどのように結合できるのかについて検討する必要がある。

　家庭の教育力が低下することとなった背景について、多くの論者がほぼ一致してあげるのが、社会の経済的発展にもとづく核家族化と、家庭教育における父親不在の問題である[1]。この他にも様々な要因が考えられる。「家族の危機」が叫ばれる今日、あらゆる要因をトータルに分析・把握し、人間の生存と家族の関わり、心身の健康・成長と家族システムの関わりなどの問題に対する新しい視点が求められている。家庭の教育機能の形成・再生を課題とするなら、このような幅広い視点が、今後不可欠となってくるであろう。

　親たちがこのような課題に対処していくためには、そのような視点に応じた学習活動のうえに、共同行為として家庭の教育力の代替機能を創造していく組織活動をいかに展開できるかに、問題解決の端緒があると考えるべきである。ゆえに、PTA活動の役割・機能が再び注目される。問題の性格に応じて十分な吟味を必要とするが、とりあえず先述の2つの要因に関わって提言することができる。核家族化・家族の少子化については、地域社会の中で子どものあそびや集団活動を組織し、あるいはそのための条件整備を行うだけでなく、家庭同士の関係を密接にし、家庭間交流を進めるなどの人間的な結合をはかることもできる。また、父親を家庭に返すために、職場に働きかけを行うとともに、全国的な組織的活動の展開を通して

---

[1]　この点については、山村賢明『家庭教育 (改訂版)』放送大学教育振興会、1989年など参照。

法制化を導くことも、これからの時代においては可能である。

　とにかく、これまでPTA活動が家庭教育の推進に貢献してきたことは認められる。その多くは、社会教育行政との連携や自主的な取り組みによる家庭教育学級・講座・講演会の組織化と、そこでの学習活動として展開されてきた。しかしそれでも、メンバーの固定化の傾向は解消されず、学習の成果もメンバーの内部にとどまりがちであるという現実がみられる。PTA活動が共同行為であり、会員がすべての活動にたずさわることが物理的に不可能であることを考えると、学習活動の成果を参加できなかったメンバーへ伝達するという意味での社会的還元が課題となるであろう。それは、「社会の親」としての主体形成の問題を解決することでもあり、PTA活動がいかに地域の教育力の形成・再生に関わるかの問題として扱われるべきである。

　そこでまず、「地域の教育力」とは何かである。これについては、広義、狭義の2つの意味に解釈されているが[1]、広義の意味での地域の人間形成力が低下ないし衰退した結果、意図的・目的的な営みとしての狭義の概念が導入され、その形成ないし再生が大人たちの努力目標になった、と統合的にとらえることができる。このような地域の教育力の低下は、家族の地域での孤立と相乗するかのように、子どもの発達の危機へと連結している。この点から、地域の再建は家族のそれと並行して取り組まれなければならない。家庭の教育力

---

[1]　広義には、「『地域の教育力』は……地域（自然な、および社会的な意味での）とそこにおける人間生活そのものの持つ力であり、正確には『地域の人間形成力』ともよばれるべきものである。」と解され、狭義には、「子ども・青年の発達と教育に向けて、地域においておこなわれる意図的、目的的な努力の総体を指す。」と解される（太田・前掲論文、p. 275.）。

第 4 章　社会教育関係団体論

の問題については先述したので、次に地域の教育力の形成・再生の
問題について、教育の主体形成と大人の学習活動、とりわけ PTA 活
動の果たしうる役割、機能との関連を中心に述べる。

　地域の教育力を広く人間形成力ととらえるならば、それは地域に
おける人間生活そのものがもつ力であり、大人たちの自覚・意識変
革と協同・連帯にもとづく実践に支えられてはじめて生まれてくる
のである。それはまた、地域において大人と子どもがともに生活し
ていること自体の中に存在する子どもを教育する力である。このよ
うな地域における大人たちの実践は、自らの地域と生活を主体的に
再構築していこうとする新しい「地域づくり」を目指すという意義
をもち、地域における生活と自治の創造の主体としての大人の発達
とそのための学習を求める。いいかえると、学習の主体であろうと
するおとなの実践は、次の世代の子どもたちの成長・発達の問題に
アプローチすることに結びついていく。ここに、地域づくりとその
ための地域の自治の主体形成を通じて、子どもの成長・発達を支え
つつ、自らの発達課題を解決していくという成人の発達段階を確認
することができる。

　PTA は、このような成人としての子どもの親の集団であり、同時
に地域づくりの主体として学習し実践する大人の集団である。この
点から、学校外の地域における子どもの生活や体験、学習を通して
の成長・発達に関わって、PTA は特別な位置を占めているといえる。
学校教育機能の肥大化がもたらす教育のゆがみの中で、子どもを家
庭と地域に返し、それらの教育力で「子育て」を試みるべきである
との主張もなされるが、しかし、家庭の教育力は現代家族の病理の
もとで脆弱である。そこで、学校以外の場と領域における意図的・
目的的な教育として、地域の教育力による子どもの教育に対する注

100

目が高まってきた。これまで、それは「学校外教育」として展開されてきた。しかし、学校や家庭で子どもたちの過ごす時間に比べると、地域で過ごす時間はあまりにも少ないのが現状である。また、学校外教育の難しさも指摘される。教師のように訓練された教える技術を身につけていない親や大人によって担われ、しかもわが子に対する教育と同じような熱意を期待することに無理があるという。にもかかわらず、「地域ぐるみ」での子育ての創造へ向けてさまざまな実践が続けられてきたことも事実である。一般に、それは地域の「父母」「住民」「教師」が取り組んできた。PTAの集団活動は、この三者のすべてに関わりをもつが、それ自体として独自の実践に数えられる。

　PTAの果たすべき役割として大きく期待されてきたのは、子どもの成長・発達を保障する教育環境づくりのための運動への取り組みであろう。それは、「子どもの発達の問題を軸に行動する組織となったとき、学校、家庭、地域の全体を見わたせる教育力をもった組織となることができる。」[1] と評価されるように、教育に関わるすべての人間の相互連携をはかることのできる位置にあり、また、子どもの成長・発達に関わることであれば、地域のあらゆる問題や課題に広範囲に取り組むことのできる組織である。それゆえに、大きな可能性をもっていると同時に、その組織活動をどのように展開するかが大きな課題となる。

　これまで、PTAによる地域の教育力を高めるための諸活動は、ともすればPTAの教育運動としてとらえられがちであった。宮原誠一は、これを「教育条件整備の運動」「子どもの生命を守る運動」「よ

---

[1]　太田・前掲論文、p. 283.

第4章　社会教育関係団体論

い環境をつくる運動」に整理している[1]。しかし、このPTAの教育運動を親たちの要求を社会的に認めさせる共同行為ととらえるならば、運動目的いかんによっては、学校外教育の実践や地域の教育力の形成・再生などのレベルを超えて、学習実践が広がることにもなる。

　ともあれ、これまでの学校外教育はPTAを抜きにしては考えられなかった。PTAは、地域の生活環境の整備や子どもたちの生活の指導に心血を注いできたといえる。学校教育は教師、学校外教育はPTAという役割分担論は問い直されつつあるが、それでもなおかつPTAの果たしてきた役割は大きいといえる。それを跡づけることは、地域の教育力の形成・再生とPTA活動の相互関係を明らかにするうえで重要な意味をもつ。

　これまで、PTAによってほぼ共通して実践されてきたことは、環境の浄化、交通安全・事故防止、非行防止などの運動の展開、子ども会の世話に示される地域での子どもの集団活動などの推進である。またこれらに、学校、学級集団から解放された地域での子どもたちの自由な遊びや活動の集団を形成する役割を、PTA活動が担ってきたことを加えてもよい[2]。

（3）PTA活動の役割と家庭、地域における教育の主体形成

　PTAは、自ら学習の主体であり、同時に家庭と地域での子どもの教育の主体であるが、それは他の教育主体、すなわち教師や地域住民の存在を前提にし、それらとの連携・協力を土台として子どもの

---

[1]　宮原・前掲書、p. 175-184.
[2]　以上のようなPTAによる実践についてのくわしいことは、拙稿「生涯学習実践とPTA活動―家庭と地域における教育の主体形成とライフ・サイクル―」『社会教育学研究』第2号、秋田大学大学院教育学研究科社会教育学研究室、1993年、pp. 43-45を参照。

第4章　社会教育関係団体論

成長・発達を支えていくことができる。

　したがって第1に、学校との連携・協力が必要である。生涯発達の視点に立って、学校教育を生涯学習の一環と捉え、子どもたちの生涯にわたる「自己学習能力」を育成する基盤になるものと位置づけ直す考え方がある。このような視点に立つと、PTAの親たちが教師の専門性を尊重しながら、学校の教育と運営のあらゆるレベルにおいて参加し、相互に学び合う関係を形成し、子どもたちの学校生活を通じての成長・発達の支えとなることができる。このことは逆に、教師たちが家庭や地域の教育力の低下の現状を認識し、それらを復活・再生させるために、親たちとの協力関係を形成することができることを意味する。ここに一面において、学校教育の主体としての親たち、また家庭、地域における教育の主体としての教師たち、それぞれの姿が浮かび上がってくる。

第2には、PTAの地域住民との連携協力の関係の形成が必要である。地域には、それぞれの家庭が共存し、子どもたちの結びつきがあり、さまざまな世代の生活や結びつきがある。地域は、子どもたちにとっては学校外での生活や体験、学習の場として存在する。そこで、大人たちは、地域が子どもたちの豊かな成長・発達を保障する場となりうるために、学習や交流を通じて自ら発達しながら、同世代間のあるいは異世代間の結びつきを強めていく必要がある。この中で、PTAの親たちは「人生の先輩」に学び、あるいはそのような人びとと子どもとの直接的な交流、つきあいを組織するなどして、地域の教育力の形成・再生のため人材を活用することも大きな役割となる。社会教育の役割は、親たちがPTA活動を通じて学習をすすめ、地域の自治を形成しつつ子どもの成長・発達の基礎を培うことである。それは、PTA活動が親たちと子どもたちの「権利としての学校外

103

第4章　社会教育関係団体論

教育の創造」[1] を目指し、家庭や地域の教育力の意味をとらえ直すことである。このようなＰＴＡ活動の過程を経て、家庭と地域の教育における主体形成がはかられていく。

　以上のように、生涯発達の視点に立ち、成人期の発達課題として、子どもをもつ親たちが、次の世代の成長・発達を支えつつ、自分たちも次の世代の存在を必要とし、その点に学習の動因があることから考えても、ＰＴＡ活動は「生涯学習実践」にほかならない。そのような実践が、大人たちの自治と連帯の創造を通じて、衰退したといわれる家庭と地域の教育力の復活・再生を目指す試みであり、今日の子どもの成長・発達を支える意図的・目的的な教育としての一面である学校教育の発展につながるという確信も得られたのである。ただしここで、現実の条件の厳しさは十分認識しておく必要があろう。そのほうが今後、生涯学習実践としてＰＴＡ活動を組織し展開していく場合に大きな負荷となり、それを乗り越えようとするエネルギーも大きくなると考えられる。すなわち、それは社会教育と学校教育の両面からもたらされている。

4　PTA 活動と学習活動の今後の課題

　学校週5日制は、家庭や学校、地域などという国民の側からの要求に対応して実施されたというよりも、国の行政機関の主導ですすめられたものと受け取られる傾向にある。それがどのような背景や政策的必要に基づくものであったかについては、さまざまな分析がなされている。しかし現実的には、学校週5日制は国の政策動向にマッチし、国際的責任を果たすうえでも意義があったといえるし、

---

[1]　太田・前掲論文、p. 292.

形のうえでは制度として定着しつつある。そして、子どもたちのゆとりと自由が拡大されるのであれば、教育的意義は大きい。今日の学校教育への過度の依存状況の中で、競争原理に支配され、子どもたちの豊かな成長・発達が危うくなっている現実をみるにつけ、休日の拡大は子どもたちが自主性や自分の価値観を育てていくことのできる機会ととらえ返すことができる。すなわち、大人たちは、子どもたちが家庭、地域に返され、学校外での有意義な生活や活動を通じて、豊かな成長・発達を遂げていくことができるものであるとの認識をもち、それらの生活や活動を援助し、あるいはそのための教育環境や条件を整えてやることが必要である。

　先述したように、PTAの会員は自分の子どもの親であるとともに、社会の親としても成長しうる。このような視点から、子どもたちの学校外での生活や活動をどのように援助していくべきかが課題となる。それは、「受入れ体制」や「受け皿」などと表現されている条件整備のために、行政機関の主導ですすめられている施策に無条件的に協力することでもない。たとえ、これらの施策に協力するにしても、PTAの親たちは自主的・主体的な取り組みへと視点を転換するための合意形成を必要としよう。また、学校週5日制が子どもたちを家庭と地域に返すのが趣旨だという理由で、個々の親と社会の親としてのPTAが、個々の家庭であるいは地域で営まれる子どもたちの生活や活動の内容・方法を問わないとするのでは、子どもの成長・発達を促す教育の視点が欠落してしまうのではないかと思う。子どもたちに自由に過ごすことのできる時間と遊びや活動の空間を与えさえすれば、自主的・主体的に有意義な休日を過ごし、子どもの成長・発達に関わる諸問題は解決されると考えることも誤りであろう。なぜならば、そのような主体性を育てる教育自体がこれまで家庭で

第4章　社会教育関係団体論

も、学校でも、地域でも看過されてきたといえるのであり、これら三者が連携することによって育てることが今後の課題にほかならないからである。ここでまたしても、相互連携のかなめとしてのPTAの存在意義がクローズアップされてくる。

　PTAは学校単位で、またその連合体として存在している。社会教育実践の場における学習活動を目的とする小集団・グループなどの小人数のものと異なり、その集団としての組織規模ははるかに大きい。このため、任意の自主的団体であるにもかかわらず、その組織運営が「官僚主義」的になる危険性がある。また、子どもの成長と幸福のための目的団体ではあるが、メンバーの日常の生活や職業生活における目的性が多様であるため、意識のずれが大きく、組織決定はスムーズにはいかず、それにもとづく実践も周囲の環境の変化に対応しえない面も生じる。

　したがって、PTA活動と学習活動の今後の課題としては、まず、PTAのメンバー個人の意志決定が、メンバーとしての成人の相互主体性とコミュニケーション的行為を媒介に、集団的意志決定へと高められていくような組織力の形成が求められる。そのうえで、PTAのメンバー個々人が社会の親としての自覚をもち、子どもの豊かな成長・発達と幸福のために、教師、地域住民との連帯による自治の創造をPTAの不可欠の活動基盤と位置づけ、集団的アイデンティティのもとに、自らの生涯にわたる発達に必要な学習を実践すべきことを再認識し再実践することである。

第5章　社会教育施設論

　わが国の社会教育行政は、戦前の「団体主義」から戦後は「施設主義」に転換したといわれる。それは、社会教育法第3条において、国と地方公共団体の任務が「環境醸成」にあること、すなわち社会教育活動が行われるように、施設を設置し管理し、また、人びとが集い合う機会を設けることや資料を作製し普及することなどを通して、社会教育を奨励することにあると理解される。このため、公民館や図書館、博物館などを整備することが、社会教育行政にとってきわめて重要な施策となる。このことは、施設を拠点にして自主的な社会教育活動が展開されるよう、条件整備を行うことの大切さを認識させる。

　自分は、最初の社会教育課勤務において、また二度目の社会教育課勤務においても、図書館、博物館、児童館等の社会教育施設の整備に関わった。また、公民館、美術館、文化会館の職員として仕事をした経験をもっている。これらについては、それぞれの施設運営のところで述べる。ここでは、ハード面の整備について若干述べるにとどめる。

　ハード面の整備の業務は、新たな建設と改修に分けることができる。いずれの場合も、使用する側と建築設計者との綿密な打ち合わせを行った。その前に、整備を行う側で専門家との十分な話し合いのもとに、基本構想や基本計画を策定することが必要である。いずれの作業も、施設の機能と建築に関する知識が不可欠であり、また完成後の管理運営を視野に入れて進める必要がある。児童館、図書

第5章　社会教育施設論

館、博物館、少年自然の家、子ども科学館を建設するための構想や
計画づくに取り組んだが、いずれの施設も目的が異なるため、それ
ぞれに特有の知識を学ばなければならなかった。文献を読み、経験
者から教えてもらっても、わからないことがよくあり、不安な状態
で仕事を進めることが多かった。行政機関内外の専門家の世話にな
ることもたびたびあった。社会教育計画策定や事業の企画・実施、
団体支援などのソフト面の業務だけの社会教育職員と比べるならば、
はるかに苦労していると思っていた。

第1節　公民館

　自治体職員歴15年であり、30歳代後半から40歳代前半にかけて
の、能力的にも体力的にもまだ十分にがんばれる年齢で、地域の総
合的な社会教育施設といわれる公民館に勤務することになった。希
望をだして教育委員会職員になったのであるから、同じ教育委員会
所管の機関や施設であればどこでも異動してもよいと思っていたの
で、納得できた。市内には6地区公民館が存在するが、自分が居住
している地区の公民館であったので、通勤にも便利であり、身近で
親しみをもって仕事に取り組むことができた。

　当時でも、「公民館」という施設の名称には、古くささを感じてい
た。また、公民館がどのような働きをしているのか、まったく知ら
なかったといってよい。あげくのはてに、4月に公民館へ異動して
7月上旬には社会教育主事講習を受講させられるはめになった。社
会教育のソフト面についての体験がまったくない状態での受講であ
ったことは、先にも述べたとおりである。

　公民館は、自治体職員となってからはじめての少人数の職場であ

り、どこか家族的な雰囲気があった。また、また決められたことを黙々と誠実に実行することを求められる一般の行政事務とはまったく異なり、自分のアイデアをそのまま仕事に生かせるのが魅力的な、まさに異次元の世界と感じられた。おそらく、自治体職員の中ではもっとも自由に考え行動できる分野ではなかったのかと思う。そして、地域の人びとがつねに出入りし、そのような住民との絶妙なコミュニケーションが必要な場所でもあり、緊張感も求められた。また、公民館職員は、事業の実施を通して、つねに子どもから高齢者まで幅広い年齢層の世代に直接関わるという、体験をすることができる。

(1) 職員の資質・能力

公民館の主査（係長待遇）であるが、社会教育主事としてスタートを切ることになった。社会教育の現場といえども、実際の教育実践の場である。大勢の前で話をすることは、自分のキャリアの中でもっとも苦手としていたので、最初の1、2年はとくに苦労した。公民館では、人前で話すことができなければ仕事ができない。館長の代理でのあいさつ、学級・講座・集会等での司会、運営協力委員会等の会議での説明と応答、研修会・大会等での発言や意見交換など、何をするにしても話す能力と技術が不可欠である。話す回数を重ねても力不足の感が否めない。根本から考え直し訓練が必要と思い、市民を対象にした教養講座として「話し方」講座を開設し、自らも一緒に学ぼうとしたこともある。しかし、生まれつきのようでもあり、努力してみても遅遅として力量は向上せず、これが公民館勤務の5年間続くことになる。

それでも、公民館職員時代は37年間の自治体職員生活の中では、仕事に関してもっとも勉強したと自負できる。たとえば、講座や学

第 5 章　社会教育施設論

級の内容を決めるには、人間や社会、文化などに関するある程度の
知識がなければならない。内容を決め、講師や指導者を選び、実施
に移すにあたっても、知識や技術が必要だからである。社会教育の
理論としては、住民の自主性の尊重のもとに「環境醸成」が社会教
育行政の役割であると、社会教育主事講習や講演会・研修会で教わ
っていたが、そのようなことはすっかり忘れて、学級・講座・講演
会などの事業内容については公民館で自ら企画することが多かった。
もちろん、事業によっては、住民の要求にもとづいて、また十分な
話し合いや相互のやりとりを行い、内容を決め実施するものはあっ
たが、市内の 6 公民館のいずれも公民館主導であったと思う。それ
に、どの公民館にも自分とほぼ同代の職員が配置され、地域課題
や生活課題を解決するのに効果的な事業や目新しく世間から注目さ
れる事業、県内の社会教育界からも評価されるような事業の開発に、
競って取り組んでいた。そのような競争意識は、公民館職員同士の
研修会や定期的な情報交換会、親睦交流会などの活発化にもつなが
っていった。今、市内の公民館は市民センターへの移行がほぼ完成
しつつあり、職員体制も大きく弱体化した。今日の停滞ぶりにふれ
ると、望ましい姿ではなかったかも知れないが、行政主導の社会教
育でもなつかしく思える。

(2) 事業内容

　公民館事業は、乳幼児教育、少年教育、青年教育、婦人教育、成
人教育、高齢者教育、芸術・文化・スポーツ、社会教育関係団体の
育成などの区分をしたうえで、学級や講座、講演会、交流会、講習
会、集会、イベント、会議などの形で実施していた。このような事
業形態は、全国の公民館にほぼ共通するようなものであろう。自分
は、公民館職員時代に事業開発のために、東京都内の公民館を視察

し研修したことがある。その記憶をたどってみても、秋田も東京も
そんなに変わらないと感じた。

　各公民館に館長はいるが、館長は事業を直接担当しない体制とな
っていた。自分は、公民館では中間管理職であるが、嘱託職員1人
と事業を分け合って担当した。正規の職員1人は予算経理その他庶
務と事業担当の補助、臨時職員1人は庶務と事業担当の補助という
体制であったので、余裕のある業務執行ではなかった。事業は、学
級・講座、講演会を中心に内容を企画・立案し、講師依頼、募集の
ための広報活動、実施のための資料や会場準備などを行い、実施に
こぎつけることができる。重要な事業については、年度末になるが、
報告書の作成もしなければならない。各領域に属する事業をすべて
担当するわけではないが、職員数の不足は否めなく、どうしても負
担が重くのしかかることになる。それでも、がんばれたのは年齢の
せいだと思う。自分が公民館を後にしてからも、同じような年齢の
職員が配置され、事業は継続されていったので、自分だけがそのよ
うに感じていたのかも知れない。とはいえ、特別な目的意識をもっ
ていたわけではなく、行政職員によくみられるような日の当たる職
場に異動して、できるだけ他者より早く出世したいという意欲はわ
きあがらなかった。行政特有の上意下達ではなく、自分のアイデア
と努力がそのまま生き、束縛のあまりない自由な世界に満足してい
たといってよい。むしろ、一般行政の分野では人前で話す機会が少
なくなり、せっかくついてきた話す能力が衰えてしまうことを心配
すると同時に、次は他の地区公民館に異動して、地域性が異なるこ
とによる社会教育活動の違いを体験すると、さらにためになると思
っていた。

　公民館事業は、実に多種多様であった。担当した事業の中で感慨

第5章　社会教育施設論

深い事業を若干あげることにしたい。その一つは、少年少女発明教室である。これは、自分自身が公民館事業として開発したものである。しかし、決して自らのアイデアが発端となったものではない。この事業こそが、社会教育法でいう「求めに応じて」団体を支援するものである。発明協会という団体からの要請にもとづいて、公民館事業に位置づけ、協働で実施することとなった。当時、県内では既に他の2市において、発明協会主催の少年少女発明クラブが活動していた。県都の秋田市にはなく、ニーズに応えるために活動を組織し、実行できる施設を探していたが、どこにも受け入れてもらえず、自分の勤務していた公民館に要請をしてきた。館長とも考えが一致し、事業実施となった。開設にいたるまでの準備には苦労した。開設後も事業の実施前後の仕事は多忙であった。それでも、この事業を実施したことで、公民館の特色ある事業として認知されることになる。この事業は、子どもたちの活動内容への理解と指導体制をどのように整備するかが大きな課題となった。発明クラブ活動は、各自の自由な発想を生かす科学工作活動であり、指導者も専門的知識・技術をもっていることが必要で、地域社会に広く人材を求めなければならないが、発明協会会員を中心に指導スタッフは確保することができた。しかし、この活動は年間を通して行われ、しかも参加者の習熟度の格差が大きく、個別指導に重点をおく必要があるため、指導員にとって大きな負担となっていた。これに対し、社会教育職員の役割は、工作材料や道具の準備、会場の設営など、いわば活動を側面から支える地味な仕事だけなら問題はないが、カリキュラム作成となると、職員の資質・能力が問われる。カリキュラムは指導員との協働なしには作成できないが、職員の側にはそれに対応しうる専門知識と経験が求められる。また、子どもたちは学校の管

理体制から解放され、自由に楽しく学習しているが、これとは逆に、学習態度や礼儀、後かたづけなどがおろそかにされがちである。やはり、子どもの成長・発達にとっては、社会教育の場でも適切な生活指導が不可欠である。このため、指導員の中に、子どものことをよく知っている教員経験者などを必要としていた。

次にあげるのは、同じく青少年教育事業の番楽伝承活動である。公民館のエリアの農山村地域に古くから伝わる番楽を後世に伝承する活動である。その地域の小規模の小学校3年生から6年生までの全児童を対象に、地元保存会、学校と連携し、小学校のゆとりの時間（現在は総合的な学習の時間）に番楽を受け継いでいる古老から番楽の舞い方を教えてもらうものである。担当職員として、毎週1回学校訪問し、練習につきあうもので、時として拍子木を打つ伴奏を担当せざるをえないときもあった。それはまだしも、練習開始前の自由な時間に、子どもたちと一緒になって体育館で遊ぶことがもっとも苦手であった。教育学部出身で教育実習も体験しているにもかかわらず、子どもの中に入っていくことに抵抗を感じた。このときは、教員にならなかったことに納得したほどである。子どもとの交わりをいとも簡単にやってのける前任者がうらやましくも思った。それでも、どうにか5年間世話活動を行うことができた。当時は、小学校だけで終わるのは伝承が危ぶまれるので、中学校でも活動を行うことが課題として提起されていたが、実現は夢物語のようなものであった。ところが、最近は、中学校で実施していることを伝聞して、事業の継続的実施の大切さを再認識した。

(3) 団体育成・指導者養成

公民館では、発達段階別に領域を区分したほかに、芸術・文化・スポーツの領域、さらに社会教育関係団体の育成の領域を設けて、

第5章　社会教育施設論

事業内容をそれぞれに振り分けた。社会教育関係団体との関係では、求めに応じた団体支援という社会教育法の趣旨についての無理解もあって、社会教育関係団体を未熟な存在ととらえてそれを育てるという視点が、区分の名称に反映していたと思われる。自分の勤務していた公民館では、この区分に指導者の養成という視点も含めていた。社会教育関係団体やその他の学習グループ・サークルのリーダーの養成の必要性、外部の指導者の発掘の重要性を考慮していたのである。公民館によっては、社会教育関係団体の育成のほかに、指導体制の強化という名称区分を設けていた。それだけ、助言・指導が上からの目線でとらえられていたのであろう。社会教育行政が住民の自主的な学習活動を奨励し支援することに目的を限定して設定するのではなく、行政自らが学習機会を提供すると同時に学習の意識を啓発し、団体を育成し指導者を養成するというような視点は、社会教育の行政主導をあらわしている。今でこそ、このように分析し批判的にとらえることができるが、当時は行政職員になりきっていたので、そのような視点が生まれようもなかった。

第2節　博物館・美術館

　博物館は、博物館法に規定されている社会教育施設である。博物館には、多くの種類があることは周知のとおりであり、あえて分類を述べない。自分が社会教育職員として関わったのは、博物館の一種としての郷土の歴史・民俗・文化の資料を保管・展示する資料館の整備と、施設職員として勤務した美術館の管理運営である。

　まず、郷土資料館の整備については、最初の社会教育課勤務において、事務職員として開館の準備の仕事をした経験にもとづく。開

館の準備とはいえ、新たな施設の建設のほかに、資料の収集・保管・
展示、教育普及などの管理運営計画の立案が仕事の中身であった。
施設を建設するにしても、使用する側の学芸員やその他の職員と設
計者との打ち合わせが必要である。また、管理運営計画については、
学芸員との打ち合わせを行ったうえで、策定する必要がある。この
管理運営はノウハウがないので、既存の施設から学ぶ必要があった。
施設の規模や運営の評判をもとに、単独で当時の静岡県浜松市や埼
玉県大宮市の博物館を視察見学し、資料の収集・保管の方法、常設
展・企画展や調査・研究のあり方、教育普及活動の内容・方法、管
理運営の人的体制、さらにこれらに必要な予算内容について学んだ。
これらでえた知見をほぼそのままふまえて、予算要求を行い、予算
が配分されて開館にこぎつけることができた。このように、他館か
らの学びは、ただちに実践に役立ち、文献を読んで知識をえるより
もきわめて貴重であった。現在のこの資料館の管理運営をみると、
基本的な点で、当時考えたことが継続されているように思える。

　次に、美術館には、上記の資料館が開館してから15年後に、副館
長として勤務することになった。2年間の管理職としての立場から、
美術館を語ることにする。この施設は、県立の音楽ホールや県の婦
人会館（現在の男女共同参画センター）、店舗・事務所用のテナント
からなる複合施設である。施設・設備の管理面は、管理会社に委託
していたので、障害や支障が生じた場合は、この会社に委託するだ
けでよかった。

　美術館は、市の社会教育施設としてだいぶ古くから存在していた
が、老朽化にともない現在地に移転していたのである。公立の美術
館の多くは、都市郊外の広い敷地に大きな施設として設置される傾
向にある。この美術館は、都心に存在する都市型美術館である。国

第5章　社会教育施設論

内外の優れた作品による企画展と、秋田蘭画や秋田ゆかりの作家の収蔵品を中心とした常設展を開催している。また、海外で高い評価を受けた1人の洋画家の作品を収集・保管し、常設展示している。都心に位置し、交通の便もよいので、当初では市内はもちろん、県外や市外からも鑑賞者が訪れるものと期待していた。しかし、開館したてのころはまだしも、年数が経つにつれて入館者が減っていくような状況がみられた。全国的にも多くの美術館は、このような現象に頭を悩ましていると聞く。

　それでも、専門職員の学芸員たちは、企画展にせよ常設展にせよ、いかに多くの人びとに鑑賞してもらうかに腐心する毎日であった。管理職は職員がそのような業務に専心できるように、環境を整えるのが任務であろう。社会教育の経験年数が長く、社会教育施設という大きな視点で美術館運営について何らかの貢献ができるという自負はあったが、そのような場面に出会うことはあまりなかったように思う。美術および美術教育に関してはほとんど関心をもたずに過ごしてきたので、美術資料の収集・保管や調査・研究、展示、また美術館の教育普及活動について、自分なりの考えをもつことはほとんどなかったといってよい。学芸員という専門職としての資格と経験をもった管理職であればまた、違った支援ができたのではないだろうか。一般の市民や民衆の感覚で感じて、学芸員の気がつかない点についてアドバイスできるくらいであった。

　美術館の学芸員も生涯学習ないし社会教育を支援する人びとである。このような視点に立つと、ある特定分野の美術資料について専門的な知識・技術を有しているだけでよいとはならない。それを用いて、展示、その他の方法により人びとの生涯学習等を支援する必要がある。このためもちろん、自分の勤務した美術館においても、

116

第5章　社会教育施設論

　企画展や常設展を実施するにあたっては、展示資料の調査・研究や選定、展示方法の選択、教育普及活動の企画・実施までを、学芸員が1人で担当し、あるいはチームを組んで担当していた。このような作業は、はたで見ているほど簡単なものではない。専門職員といえども、そうとうな重圧を感じて苦労して進めていたと思う。それだけに、学芸員1人1人が、日頃から研修・研鑽を重ね、力量向上に努めていることがよく伝わってきていた。

　これらの学芸員は、ほとんど大学時代に学芸員資格を取得した人たちである。大学の養成課程で、博物館学、博物館実習などの単位を取得して資格がえられる。自分も現在、資格取得に必要な科目の一つである生涯学習概論をある美術大学で担当している。生涯学習概論の授業を行うにあたっても、博物館建設と美術館管理運営の経験がだいぶ生きているように思われる。ただ、学芸員もこのような科目を履修したほかに、各人に固有の専門領域がある。美術館の学芸員でも、必ずしも背景となる専門領域が美術であるとは限らない。美術館の実務についてから経験を重ねて、美術についての造詣が深くなる場合もある。自分の経験した美術館では、美術専攻の人もいれば、芸術学を含めたそれ以外の分野を専攻した人もいた。同じ美術であっても、日本画、洋画、書道、彫刻、工芸、美術教育などさまざまである。その意味では、学芸員の専門的分野のバランスは、とれているように思われた。門外漢の立場では、専門的力量の差異にはまったく気がつかなかったが、学芸員の間には主張や批判が見られたので、そのような背景があったのかも知れない。学芸員の専門性については、いまだよく理解できない面がある。美術館については、総合的な博物館と比べると、館長の専門分野や考え方によってとくに異なることが感じられる。

117

第5章　社会教育施設論

　美術館というと、住民が気軽に集い語ることのできる公民館や、本を借りることや資料を調べることができ、受験勉強もできる図書館などのように、容易に近づけない敷居の高い場所というイメージを抱く人が多いと思う。同じ博物館でも、歴史や民俗の関係、その他の博物館のほうがはるかに入りやすい。首都圏の美術館はましてそうであるが、地方のどの美術館でも決して入っていきやすい場所であるとは思わないだろう。社会教育施設とはいいながら、この違いは何であろうか。美術館に勤務していたときも考えたし、今も考える。勝手な解釈で非難されるかも知れないが、美術作品は、とても高貴なもので得体の知れない力をもっていて、容易には理解しがたい存在であるというような形で、人前に出されるからである。芸術に関する論議も尽きないはずであるが、理解しがたいものを理解できるように、提供することを考えなければならないであろう。

　そのためには、常設展や企画展の工夫や学芸員によるギャラリートーク、関連テーマの講座・講演会などを一層充実したものにしていく必要がある。また、企画展についていえば、古典的なものだけに限らず、現代的な、あるいは大衆的なアートなども適度に組み合わせることも考えるべきである。これらは、美術館をより身近なものにするであろう。加えて、子どもの段階から美術と美術館に親しみをもたせる講座も、これまで以上に積極的に実施し、学校を会場に移動展示する試みも検討していくべき時代になってきていると思われる。

第3節　会館

　会館は、舞台芸術を中心にした施設であり、社会教育施設として

教育委員会で所管している自治体も多いが、芸術・文化施設として
一般行政の所管にしている自治体もある。生涯学習の視点から生涯
学習関連施設として扱うなら、どちらでもよいと思われるが、生涯
学習を教育委員会主導で推進している自治体であれば、社会教育施
設として類型化したくなる。

　自分は、社会教育施設に位置づけられている自治体の文化会館の
勤務を命ぜられることになる。定年を待たず、1年早く退職するま
での5年間をここで過ごす。館長という管理職であったので、その
立場から文化会館の管理運営について語るのであるが、芸術に関わ
る素養は美術の分野ほどではないとしてもかなり乏しかったので、
内容的には薄っぺらなものになってしまうかも知れない。

　一般に、会館は、演劇、音楽、舞踊、集会、大会などの場として
施設を貸し出す「貸し館」というイメージが強い。会館の業務全体
を見渡すと、そのようにいわれてもおかしくはない。そういう意味
では、人びとの自主的な社会教育活動のための環境醸成をはかる、
社会教育行政の役割にふさわしい運営であるといえる。自分の勤務
したこの会館は、大ホール、小ホールに加えて、各種の会議室やリ
ハーサル室、練習室、展示ホールも備えていた。このため、各種大
会や学会などを同じ建物の中で実施でき、また総合的な芸術・文化
行事も可能な施設として、市内外、県内外からちょうほうされてい
た。それでも、開館当初のころと比べると、利用者は減少してきて
いた。経済の低成長時代となって、民間の芸術・文化活動も効率化
を志向するようになり、また自治体が財政難で、かつてほど文化行
政に支出ができなくなったことも影響しているであろう。

　こうした利用者の減少は、館内でレストランや喫茶室を営んでい
る業者の経営をも直撃し、撤退という事態も生じた。これらがなく

第5章　社会教育施設論

なってしまうと、利用者に不便をかけるだけでなく、会館としての
にぎわいもなくなるので、後釜を探すのが館長の役目でもあった。
東奔西走し、引き受けてくれる業者が見つかったときは、芸術・文
化という高尚な分野にたずさわる社会教育職員の泥くさい一面を実
感したものである。会館は社会教育施設というイメージが自分の中
ではほとんど薄れかけていただけに、社会教育の条件整備性の考え
方が急速に復活していたと思う。

　自分の勤務した会館は、1980年にオープンしたので、四半世紀が
経っていた。老朽化が進み、施設設備の改修を検討しなければなら
ない時期である。とくに、会館の業務に不可欠な空調設備や舞台設
備の改修は緊急課題になっていた。興業中にこれらの設備が機能し
なくなった場合は、損害賠償問題が生じるだけでなく、行政の不手
際が報道され、指弾されるおそれがある。それは避けたいというの
が、行政マンの正直な気持ちである。外部の有識者を含めた改修の
検討委員会を組織し、報告書をまとめ、教育委員会に提出したこと
もある。しかし、その後、県の芸術文化施設も老朽化して改築の時
期となったので、財政効率や利用状況を考慮して、県と合同で県都
秋田市に芸術文化施設を建設することになり、いよいよ工事に着手
することとなった。それが完成すると、文化会館は取り壊されるこ
とになる。文化会館の存続は市長選挙の争点にもなったが、存続の
主張はしりぞけられた。

　文化会館は、他の社会教育施設と同じような時間帯から使用され
るが、夜遅くまで使用されるのが他の施設と異なる点である。ホー
ルでの催しが夜の9、10時までならば、後片付けが終わるのは11、
12時となる。このような使用が、休館日を除いて土、日もあるので、
職員も対応しなければならない。少ない職員で交代勤務を余儀なく

120

される。館長といえどもこの勤務体制から逃れられない。日曜日の午後から出勤して、夜の12時ころに帰宅することもあった。それでも、職員は多忙であり、時間的にもっとも余裕のある館長が、利用者集計の作業をせざるをえなかった。他の社会教育施設も同様であったと思うが、教育委員会に増員要求をしても、まったく無視されるのが常態であった。

　単なる貸し館ではなく、芸術文化事業を通して住民の活動を促すというのが、この文化会館の建設の趣旨であった。だから、開館以来、自主事業と称してミュージカル、オペラ、バレエ、演劇、歌舞伎などの舞台芸術やクラシック・ポピュラーの音楽などの公演を続けてきた。財政的にも豊かで芸術文化の領域に力を注いだ市政のころは、自主事業にも多くの予算が配分されたようである。しかし、じょじょに予算が減らされ、公演の本数と予算額も少なくなっていった。それでも、自分が赴任してから1、2年はまだ、千万円単位の予算は配分されていた。その後は、数十万円程度の予算さえもやっと配分してもらえる状況となった。大規模な公演であれば、予算さえあれば実施できるが、小規模なものであれば観客動員が非常に難しくなる。いっそのこと、公演型の自主事業をやめて、演劇や音楽などの育成型のワークショップを検討しようとした。そのためには、舞台芸術にくわしい専門職が必要であると思い、大学で専攻した、あるいは舞台芸術活動に取り組んでいる市の職員を探した。少数であるが存在していた。打診してみたもののほとんど断られ、1人だけ希望者がいたので、その職員の配置を教育委員会に要望したが、これもまたかなわなかった。このさいに、専門知識もなく苦労している職員の体制を考え、自主事業の廃止を運営委員会に提案したところ、反発・抵抗され撤回するはめとなった。その後は、予算不足

第5章　社会教育施設論

を補うため、文化庁や民間団体の補助金を活用した事業に取り組む
ようになった。

　いずれ、自分が社会教育行政職員として、また自治体職員として
最後に働いた場所はなくなるが、これからも社会教育行政の理論の
中で芸術文化活動は論議されていくと思われる。今日の新自由主義
的な考え方が受け入れられている限り、行政論から芸術文化の領域
は縮小されていき、社会教育としての芸術文化論も停滞していくか
も知れない。今一度、根本から考え直す機会でもあると思う。

第4節　図書館

　図書館は、図書館法で定められている社会教育施設である。これ
は、①図書、記録、資料を整理・保存する、②それらを人びとが教
養、調査研究、レクリェーションのために利用する、施設である。
公立の図書館もあれば、私立の図書館もある。公立図書館は、都道
府県立図書館と市町村立図書館に区分され、それぞれの役割も異な
る。

　自分は、このような公立図書館に勤務したことはないが、社会教
育課において図書館の建設・整備の仕事を担当したことがあり、ま
た、社会教育主事として、社会教育計画策定のための情報交換、社
会教育施設間の連絡調整、社会教育関係事業のとりまとめ、視聴覚
教育推進のための図書館との連携などを通して、図書館との密接な
関係を経験した。このような教育委員会の職員時代には、国立大学
の図書館司書養成課程において「児童サービス論」の授業も担当し
ていた。さらに、短大の教員になってから8年間図書館長を務め、
学校図書館法にも定めはない、大学の設置基準にもとづく図書館で

第 5 章　社会教育施設論

性格は異なるが、共通点も多くあることを肌で感じてきた。加えて、短大をも退職した今は、県や市の図書館の利用者でもある。これらをふまえて、図書館について語ることにする。

　まず、施設の建設・整備にたずさわって感じたことを述べる。中央図書館については、すでに建物の建築が完了し、残された周辺環境整備と館内の図書館用設備整備の段階での担当であった。前任者の計画がしっかりとしていたので、何ら問題もなくというよりも、何もわからないうちに新図書館が開館してしまった。次が、地区の図書館の移転改築である。老朽化にともない、昔の米貯蔵の倉庫 1棟を利用することが前提の図書館であった。管理職として、担当者とともに使用する側と設計者と協議を重ねて、倉庫の改修と新館の建築のための基本計画の策定と設計、そして建築工事の業務に関わった。完成とほぼ時を同じくして、教育委員会の学校事務の部署に異動となった。この図書館は、これまでの社会教育施設整備の経験があったので、あまり苦労もなく完成できたように思う。

1　図書館サービス

　図書館の業務でもっともわかりやすいのは、図書や視聴覚資料などの閲覧や貸出のサービスである。指定管理者制度が施行された今日、民間業者に管理運営を委ねられている公共図書館も存在するようになった。一時、このような民間委託への圧力が非常に強くなり、公共図書館界では職員の職場が奪われてしまうのではないかとの危機感があったようである。このようなこともあってなのか、最近の図書館サービスは手厚くなったよう思える。開館と同時に入り口において、デパートなどでお目にかかる開店時のようなあいさつを行い、あるいは貸出のさいに店で買い物をしたときのようにお礼の言

123

第5章　社会教育施設論

葉をいう図書館もでてきている。行政職員も民間で研修などを行い、民間のサービスの仕方をモデルとして実践するようになったのであろう。閲覧していても、迷っているような様子をみせると、職員のほうから声をかけてくれるような雰囲気さえ感じることがある。

　このようなサービスができるのも、毎日、出版・制作される莫大な資料の中から、その図書館の種類や性格に応じて購入等によって収集し、分類記号や件名をつけ、書誌データを整理して目録を作成し、耐久性をもたせる装備をするという一連の作業がなされるからである。あまり目立たない地味な仕事ではあるが、組織化・保存という重要な業務である。図書館では、このような貸出のための資料収集のみならず、地域の情報拠点としてその地域の資料や情報を収集し整理して、印刷物の形であるいはネットで提供するようにもなっている。もともと図書館は、地域の歴史や社会、文化に関する文書的な資料を収集・整理・保存し、研究や学習のため必要な人びとに提供してきたが、地域の情報拠点としての役割はこの延長上にあるものである。

　図書館の貸出や情報提供のサービスは、さらに拡大したものとなっている。自分は、研究職についてからはもちろん、その前後においても公共図書館のサービスには随分お世話になった。その図書館に所蔵されていない図書については、相互貸借により他館から借り受けてもらえる。国立国会図書館館所蔵の図書でさえ可能である。また、レファレンスサービスとして、可能な限り図書、論文を含めて文献の所在について、情報提供してもらうこともできる。これらのサービスが充実しているかどうかによって、その図書館の司書の力量やサービスの質がはかられるかも知れない。

　しかし、図書館サービスはこれらに限られない。図書館の種類に

124

第5章　社会教育施設論

よってその他の内容は違ってくるが、共通的なサービスとして、リクエストやネットによる図書検索・予約、読書相談・案内、講演会・講座等の行事活動、広報活動などがある。さらに、公共図書館であれば、今日とくに配慮されるべきものとして、障がい者向けの各種サービスや、遠隔地の住民に対する移動図書館によるサービスなどがあげられる。

　図書館との多様な関わりを経験してきた自分の立場から、以上のようなサービス面のみならず、次のような点にも注意を払う必要があると思われる。すなわち、購入等による資料の収集にあたっては、選書が不可欠であるが、人権を守るために、いかなる権力や勢力にも影響されない自主的な判断にもとづくのが当然である。また、この選書は、限られた予算と蔵書のスペースを考慮する必要があろう。今後の蔵書のスペースを視野にいれると、資料の廃棄についても検討することも重要となる。そして終わりに、図書館利用者教育の充実を訴えたい。これは、「図書館の利用の仕方についての指導および、広く教育一般において図書館を活用することの指導である。」[1]児童生徒の場合は学校図書館司書の役割が大きく、大学では教員等と図書館司書との連携が重要であるが、公共図書館においては、日常の貸出等の各種サービス提供を通して、またとくに広報活動や行事活動を通して行う方法が考えられる。

　以上、公共図書館の大人に対する図書館サービスを中心に述べたが、子どもに対するサービスについては自分の小論に加筆修正を加えて論じる。

1　原聡介「図書館利用教育」原聡介編集代表『教職用語辞典』一藝社、2008年、p. 385. なお、くわしくは、pp. 385-386. 参照。

125

第５章　社会教育施設論

２　児童サービス

　公共図書館のサービスは、これまでともすれば成人にウェイトを
おき、児童に対しては十分でなかったといわれる。しかし、児童の
それぞれの発達段階における発達課題を達成するにあたっては、読
書を通じた学習が重要であり、この学習を支援する公共図書館のサ
ービスが内容と方法の両面においていかにあるべきかが課題となっ
ている。

（１）発達における読書の役割

　発達課題の達成とことばの発達は、相互作用の関係にあると考え
られる。たとえば、認識や思考などの知的発達は、幼児の「話す、
聞く」ことが中心の言語活動から、青少年の「読む、書く」ことを
中心とする言語活動への変化を促し、逆にこのような言語活動の発
展的プロセスが知的発達を可能としている。また、ことばの発達は、
語彙や文法などの言語の意味・構造の認知的発達のみならず、自我
の統合の過程と複雑にからみ合いながら進んでいくのであり、その
逆も成り立つ。これらの点は、すでに発達心理学や言語心理学、読
書心理学などの研究成果としても指摘されている[1]。

　それでは、児童サービスが異質の言語活動の対象にどのように提
供されるべきで、そのことによりどのような発達課題が達成されて
いくのであろうか。読書とは、文章を読み理解することに還元され
る。このような文章理解のプロセスとメカニズムについては、発達

---

[1]　くわしくは、小林建一・山田正行「生涯学習と公共図書館の児童サービス
ー児童の発達課題に対応した図書館サービスの内容・方法ー」『秋田大学教育
学部研究紀要』教育科学第 52 集、平成 9 年参照。

126

第5章　社会教育施設論

との関連も明らかにされている[1]。これは、ことばによって示された内容をたんに思考力だけでなく、欲望や感情などの情動をも加味して理解していく行為である。このような意味に読書能力をとらえると、記号化された文字を認識・理解する能力が発達していない幼児期には、読書を語ることができなくなる。しかし、幼児期は「話し、聞く」ということばの段階にもかかわらず、読み書きに塾達した者が話し、あるいは読んで聞かせるという文字の変換を通して、読書をしているととらえることができる。

　このように、幼児期において、本の中のお話を聞くことによりリテラシーが準備されていき、やがて児童期（学童期）における文字の読み書きの能力、読書能力が身についていくことは、すでに明らかにされており、「歌遊び」や「ことば遊び」にもリテラシー準備の機能を認める研究もある[2]。

　また、児童サービスを考える場合、ことばの発達と自我の発達の関係に注目する必要がある。これらは相互に発達を促す関係にあることが明らかにされている[3]。しかし、読書がどのような働きをするかについては直接的な言及はみられない。ただ、幼児期において親子の豊かなことばのやりとりが子どもの自他認識を芽生えさせ、これが他者を受容する社会的な自我や自己の客観的な認識などへと発達していく過程は、読み聞かせやお話（ストーリーテリング）によるリテラシーの準備からはじまり、読書能力の獲得へと至る過程と

---

[1]　このような研究として、秋田喜代美「文章理解」内田伸子責任編集『新・児童 心理学講座 第6巻 言語機能の発達』金子書房、1990年、pp. 113-147.
[2]　このことについては、岩田純一「ことば」無藤隆・高橋恵子・田島信元編『発達心理学入門Ⅰ』東京大学出版会、1990年、pp. 122-123.
[3]　岩田・前掲論文、pp. 108-128. このほか、岡本夏木著『子どもとことば』岩波書店、1982年、pp. 129-179. もくわしい。

127

第5章　社会教育施設論

マッチしているように思われる。

　児童サービスは、このような幼児期から青少年期の発達特性をふまえ、その後の発達段階ごとに読書興味の発達をとらえていく必要がある。先に述べた発達課題はまだ統合化の過程にあるにすぎないが、読書興味の発達をとらえる枠組みともなりうるものである。その意味では、各発達段階で示される読書興味は発達課題を達成するための学習の要求ととらえられ、それに対応した読書資料の提供こそが児童サービスとして求められる。

(2) 公共サービスと学習機会の平等

　子どもは、家庭における読書にはじまり、学校教育としての読書教育、社会教育の立場から提供される図書館や地域の文庫のサービスを利用した自由な読書などを経験し、総合的に読書習慣を形成していく。これは、子どもの発達段階と読書の場を統合する視点から、生涯にわたる読書による学習の過程の一部を示している。このような学習については、その機会の実質的平等が生涯学習政策の課題となるが、このためには学習機会の体系的整備を必要とするだけでなく、制度的・社会的な不平等を除去する措置がとられなければならない。こうした視点は、公共図書館のサービスにおいても、学習機会の実質的な平等が目指されるべきことを要請する。すなわち、公共サービスは、家庭などの私的領域以外の学校、地域、社会のいずれにおいても平等に実現されなければならない。一方、このような平等の視点に立つと、家庭の読書環境の格差や図書館施設の地域的偏在、都会（都市）と地方（農村）の間の図書文化の格差などの家庭的・社会的要因による文化的不平等の再生産も是正されなければならない。

　しかし、現実には、家庭の読書環境や文化環境に著しい差異があ

第5章　社会教育施設論

る。そして、これを取り巻く社会的環境の差異や制度の不均等等もみられる。これらのことから、子どもの言語能力や読書能力に格差が生じ、この格差が文化的不平等の構造の一環を形成している。したがって、公共図書館のサービスはこのような不平等を拡大するのであってはならず、不平等を解消する実質的な学習機会の平等という視点から、幼児から青少年までの発達段階に応じてサービスの内容が定められ、サービスの方法が構築されなければならない。

(3) サービスの内容と資料選択

　児童サービスの内容を構成するものは、読書資料、施設設備および図書館職員である。読書資料としては、おおよそ絵本、紙芝居、活字本、新聞雑誌、視聴覚資料などがある。つぎに、施設設備は読書資料を保管するとともに、資料を配架する児童図書室や児童図書コーナー、場合によってはヤング・アダルトコーナー[1]が必要であり、さらに、読み聞かせ、お話、本の紹介、本の展示、読書会、視聴覚ソフトの上映などの集会活動が行なえる専用のスペースを設け、移動図書館車や視聴覚機器などを備え付けているならば、多様なサービスを可能にする。このような施設設備の多くについては、設置計画の段階からしっかりとした構想がなされなければならず、運営中の場合においても児童のニーズに応じて改善の努力を心がける必要がある。最後に、図書館職員は、これまで繰り返しその専門性が問われてきたが、とくに児童図書館員についてはこのことが強調され

---

[1]　ヤングアダルトの年齢層は、読書興味と読書傾向において児童、成人のいずれとも異なる。したがって、この層の読書ニーズに対応したサービスを行なうため、ヤング向けの本、雑誌、ビデオ、CD、DVDなどを備え、個人やグループでの視聴コーナーを設けるなど、特別のコレクションを用意するような傾向にある。

第5章　社会教育施設論

てきた[1]。児童図書館員は読書資料の内容についてすべてを把握しておき、サービス対象の児童についても、一人ひとりの心理や生理、学校内外での生活についても知る心がけが求められ、子どもたちが自己の意思により楽しく図書館を利用できるよう、カウンターワークや集会活動などを通じて子どもたちとの間に友好関係を築くべきことを示唆している。子どもの発達段階を十分考慮し、かつ児童文化への深い理解なしには、サービスは充実したものとならないのであるから、この面での専門性がうきぼりとなる。このような児童図書館員の専門性を確立していくことは困難をともなうが、実践的な課題である。

　これらのサービス内容の構成要素は、相互に密接に結び合っており、それぞれがバランスよく充実あるいは発展していかない限り、発達課題に十分に対応した児童サービスとはならない。しかし、ここでは、中心的な要素とみなされる読書資料についてさらに検討を加えることにし、他の要素については今後の課題としたい。

　読書資料については、すでにその形態を大まかに類別したが、内容面についてもほぼ共通理解のもとに分類され、その特性が明らかにされている。しかし、資料をどのような基準にもとづいてどのように選択し、提供するべきかという選択論はまだ確立されていないといってよい。子どもを取り巻く図書をはじめとするメディアの状況をみてわかるように、パソコン、スマフォ、タブレット、テレビ、ビデオ、ファミコン、CD、DVDなどの映像や視聴覚のメディア、マンガなどが普及し、子どもたちの活字離れは一層進んでいるように思われる。情報化社会の進展に伴って、情報を活用し、自ら発信

1　石井桃子著『子ども図書館』岩波書店，1965年、pp. 214-218.

第5章　社会教育施設論

するような能力が必要となっている。したがって、図書館資料とし
てはどの種類をどの程度とりそろえるべきなのかを真剣に追究する
必要がある。選択論を確立するためには、これを避けて通ることは
できない。しかしまた、文字を読むことによって思考力や想像力を
豊かにすることは発達課題の達成に不可欠であり、この意義はとく
に大きい。図書館は、資料提供の能力にも限りがある。しかし、子
どもは段階的に発達を遂げていく存在である。このような制約にも
かかわらず、人類の知的文化財のうち最もすぐれたものを精選し、
子どもが自由に選択して読書できるよう図書館資料として提供する
ことが、公共図書館の役割であろう。

　ところで、幼児期から青少年期までは知的にも精神的にも発達が
著しく、発達課題も多岐にわたる。たしかに、この課題は発達心理
学をはじめとする発達科学によってきめ細かに把握できるが、どの
ような内容と形態の資料が心理学的なメカニズムとプロセスを通じ
て課題の達成に結びつくかを、より分化した学習、言語、読書の各
心理学の統合の成果としてのみならず、より実践的な教育学的な視
点も加味して明らかにされる必要がある。もちろん、図書館サービ
スがすべての発達課題の達成に寄与できるものでないという、限界
を十分認識しておくことも大切である。それでも、それぞれの発達
段階において読書にあてられる時間は限られており、1冊の本との
出会いは子どもの人生にとって大きな影響力をもつ反面、子どもは
幼児期から完全に主体的な自己決定により資料を選びとって、自己
成長を遂げていく存在でもなく、大人による動機づけや条件設定が
大きな支えとなる。このような環境のもとに、幼児期から選びぬか
れた資料に触れ、親しみをもつことは、子どもの自己選択の能力の
育成と読書習慣の形成に深くつながっていくものと考えられる。

131

第5章　社会教育施設論

　それゆえ、単にこれまでの成人向けの資料選択論の応用としての
児童・青少年資料選択論ではなく、発達過程の心理学的メカニズム
を解明し、それにもとづいた選択と技術の理論が構築され、実践さ
れなければならない。そして、収書の方針や蔵書構成の決定、資料
の評価とその基準の設定、資料の具体的な組織方法などの技術的な
事柄については、これまでの成果をふまえながら再検討することも
必要となってくる。

（4）館内外サービスとネットワーク

　公共図書館のサービスは、館内でのサービスと館外でのサービス
に分けられる。そして、いずれもサービスネットワークの一環を構
成するものである。児童サービスの方法はこれらの全体をとらえ、
すべての子どもが読書＝学習の機会に平等にアプローチし、発達課
題を達成できるように配慮されたものでなければならない。

　館内での児童サービスの出発点は、カウンターでの貸出しという
カウンターワークである。利用者が多いか、職員数が適正でなけれ
ば、この業務に忙殺される。しかし、この業務は公共図書館として
は必要最低限度のものであり、今日ではフロアワーク、読み聞かせ、
ストーリーテリング、ブックトーク、ブックリスト、本の展示、読
書会、行事など多様なサービスの充実が求められている。これらの
サービスは、子どもが読書活動を実践するにあたって、その意思の
自由を最大限に尊重しながら、動機と目的に即した支援を行なうこ
とである。

　このような館内サービスについては、これまでも長い間の理論や
実践の蓄積にもとづき理論を発展させようという試みがなされてい
るが、ここでは学習機会の平等という視点のもとに、発達課題の達
成を可能にするサービスはいかにあるべきかを論ずるにとどめる。

132

第5章　社会教育施設論

　サービスは、幼児から青少年までに共通するものと、幼児あるいは青少年のみを対象とするものに分けられるが、その境界はあいまいな場合が多い。まず、共通するとされるフロアワークは、フロアに出て利用者に声をかけ、本人の望む適切な資料を紹介するとか、リクエストに応じるほか、学習課題の解決を希望する者に読書相談としてレファレンスワークを行なうものであるが、子どもたちが図書館に親しみを感じ、生涯にわたる図書館利用の契機ともなりうる。このためには、各発達課題と資料の内容や種類、形態をよく組み合わせて把握しておいたうえで、一人ひとりの年齢や理解力に応じたアドバイスが必要である。これは、幼児から青少年までの発達段階をふまえ、個性に応じ分け隔てなく平等に行なわれなければならない。また、集会活動としての読み聞かせやストーリーテリングはリテラシーを準備する幼児期においては、特別な意味をもっている。それらは、読み書き能力の前提とされる聞き話す能力を、家庭的・社会的要因の影響の外で獲得できる機会を提供するものだからである。もちろん、一定水準の読解力を身につけた小学生の段階でも、これらのサービスはさらに読書興味を深めることの支援にもなると評価されている。

　他のサービスについても、集会形式、個人利用のいずれにせよ、発達段階や子どもの興味や関心、読解力などに応じて、絵本と活字本の使いわけ、それらの内容の難易度による取捨選択・配列、紙芝居や視聴覚資料の使用、遊びの取り入れ、劇化、製作物や道具の使用など、創意工夫をしながら、単独のサービスとして、あるいは相乗効果をもたらすため複数のサービスを組み合わせて提供することができる。いずれの場合も、子どもの発達に対する深い理解と効果

133

第 5 章　社会教育施設論

的な技術を駆使した実践力を要することは [1] 、再確認されなければならない。

　以上の館内サービスは、専門職員の手によって、利用者が必要に応じていつでも受けられるように、準備されていることが理想である。図書館によっては、こうしたサービスにボランティアが活躍している例がみられる。図書館ボランティアは、職員との有機的な連携が実現するならば、利用者のニーズに十分応えることができると思われるが、職員によるサービスの直接的な提供が公共図書館の最大の努力目標であることを忘れてはならない。

　つぎに、館外サービスはどのようにあるべきか。図書館という固有の建物を前提としているのが館内サービスであり、地域に出向いて資料を提供するか図書館活動を展開するのが館外サービスである。これまで、館内サービスとして行なってきた資料の貸出しや読書相談、集会活動などのほとんどが、出前形式で可能であれば、サービスの地域的なアンバランスは避けられる。しかし、図書館の建物をそのまま地域に移動するのはおよそ不可能であり、館外サービスは移動図書館車によるサービス、地域の施設や配本所における資料提供などに限られている。このようなサービスは、図書館の資料と機能を分散しながら提供するものであるが、その図書館自体の計画にもとづいている。先述したように、館内と館外のサービスが結合してもサービスネットワークの一環にすぎないという考え方をとるならば、これまでのネットワーク論について再検討する必要がある。

　その代表的なものとして、「全域サービスのシステム」論をあげる

---

[1]　このような児童図書館活動における技術に関する諸説と実践については、森崎震二編『児童奉仕論　新図書館学教育資料集成6』教育史料出版会、1990年，pp. 121-147.

134

第5章　社会教育施設論

ことができる。これは、住民一人ひとりにより公平にサービスをすることが公共図書館の使命であるという前提で、図書館までの利用距離と利用頻度の落差の大きさを克服課題の一つととらえ、その理論と方法を全域サービスのシステム構築に求めている[1]。本館を中心に複数の地域館、分館、サービスポイントなどを配置し、移動図書館車も運行するほか、さらに学校図書館、幼児施設、公民館図書室、子ども文庫や地域文庫、病院や高齢者施設などとの連携、あるいはそれらへの配本のシステムを組み入れ、サービスネットワークを構築しようとするものである。ここでは、歩いて十分以内の距離に、地域の図書館資料とすべて連動している何らかの利用ポイントを設けることが目指されている。このようなシステム論にあっては、子どもから高齢者までの利用を十分に意識して、より具体的に実践の理論が組み立てられ、実行に移されなければ無意味となろう。

(5) 児童サービスネットワークの再構築

　小論では最後に、そのような視点から、児童サービスネットワークの再構築の問題について考察することにしたい。

　これまで、地域における活動として蓄積されてきたのは、家庭文庫・地域文庫の活動と読書運動である[2]。前者は、その拠点となる場所を家庭の一室、地域の集会所などの施設に設けて行う、親や地域

---

[1]　この理論については、谷貝忍「公共図書館の設置と運営」竹内悊編『コミュニティと図書館』講座図書館の理論と実際第8巻、雄山閣, 1995年, pp. 97-98.

[2]　文庫については、竹内悊「子ども文庫—本のある遊び場として—」前掲『コミュニティと図書館』講座図書館の理論と実際第8巻』、pp. 203-234. 読書運動の歩みについては、日本子どもの本研究会編『子どもの本と読書運動』童心社、1971年、清水達郎著『親子読書運動—その理念とあゆみ』国土社, 1987年参照。

第５章　社会教育施設論

のボランティアと子どもの間の読書活動である。これに対し、後者は、そのような読書活動ではあるが、活動の場所よりも活動の主体と実態に着目したものである。これらの文庫や読書運動は相互に結び合って、公共図書館のサービスの不足を補う意味をもっていた。何よりも、上からの指導に抗して、自主的・主体的に読書活動を創造していこうとするものであった。このような活動は、世界的にも例をみないものと評価されている。本の貸出しはもちろん、読み聞かせ、ストーリーテリング、ブックトーク、読書相談、各種行事など、規模は小さいが、公共の児童図書館でのサービスの大部分は、この活動の中でも可能であり、しかもそれらが人生の初期における読書に関わっている。したがって、「ポストの数ほどの子ども文庫」ができれば、児童サービスはさらに充実していくはずである。

　しかし、これらは民間の運動であり、半ばボランティアに依存している。公共図書館が民間活動ともネットワークを結ぶことは、当然、サービスの向上につながるのであるが、ただ形式的に結びネットワークの一環と位置づけるのでよいのかである。ボランティアは自主性・無償性とともに公共性をも原則とするのであるから、これらに即した相互連携・援助・協力は認められてよい。児童図書館員の専門的力量による選書や読書相談、集会活動などへの助言・援助、児童図書館員と親やボランティアとの情報と経験の交換、公共図書館による運営資金の助成などは、いずれをとっても地域の子どもたちの多様な読書ニーズに応えるものであり、ネットワークの実質的な強化につながる具体的措置としてあげられる。

　児童サービスのネットワーク構築については、今後も多くの問題を克服していく必要があると思われる。とりわけ、情報化社会の進展に伴う「電子図書館」の構想は、これまでの「ペーパー図書館」

136

第5章　社会教育施設論

から「ペーパーレス図書館」へ移行する時代の到来を予告する意味
をもっている。このため、公共図書館の児童サービスネットワーク
についても、これまでのイメージや発想を大きく転換させなければ
ならなくなるであろう。

第6章　学校教育行政論

第1節　教育行政における学校教育の重視

　わが国の教育行政は、学校教育行政に重点が置かれているようである。地方教育行政の組織及び運営に関する法律（以下「地教行法」という。）第19条には、「学校における教育課程、学習指導その他の学校教育に関する専門的事項の指導に関する事務に従事する」指導主事を置くとしている。この法律は、地方の教育行政組織と運営に関する定めにもかかわらず、学校教育に関する専門職員のみを規定している。社会教育主事については社会教育法で規定し、学校教育法では学校の教員のみについて規定している。このように、地教行法が社会教育主事について規定しないのは、バランスを欠いている。また、指導主事が「指導」するのに対し、社会教育主事は「助言と指導」を行うのであり、行使する権限も指導主事が優位にあるような様相を呈している。以上のことからも、教育法制自体の構造のみならず、実際に行われる教育行政の学校教育重視がうかがわれる。

　たしかに、教育委員会事務局には、形のうえでは学校教育だけではなく、社会教育、体育・スポーツ、芸術・文化の部署が配置され、均衡状態が保たれているように見える。しかし、学校教育サイドに立ってみると、学校教育がいかに重視され優遇されているかを知ることができた。義務教育の展開の規模からしても、理由のないことではないが、教育委員、教育長をはじめとする事務局の幹部、事務

第6章　学校教育行政論

局の総務的な部署、いずれの目も学校を指導する学校教育課の方向
を向いていたように感じられた。

　社会教育主事経験 11 年の自分は、社会教育の専門職として定年
退職まで務める決心をしていただけでなく、教育委員会からも社会
教育プロパーの人間であると見られていたと思うので、学校教育分
野への異動は自分自身驚きであった。学校教育分野といっても、学
校の教育内容に関わるというのではなく、いわゆる学校事務を所管
する部署の課長であった。仕事内容が比較的自由に決められる社会
教育とは異なり、決められたことを正確に迅速に執行することを任
務とする組織である。事務的にものごとが進められるので、一見楽
な仕事のようにも思えた。しかし、まったくはじめての世界であり、
生来の弱気と自信のなさが災いして、失敗や拙速が多かった。自身
の公務員生活全体を振り返ってみて、どの職場についても、もう少
しまともに仕事をすることができなかったのかと反省するばかりで
あるが、とくにこの学校教育関係の職場ではそれが多かった。教員
の身分をもたない自分が、教育委員会にはじめて異動するさいに希
望した職場であったはずだが、現実は甘くなかった。このような職
場で、四苦八苦しながら3年間過ごすことになる。しかしまた、今
までとは違った世界、とくに学校および教員との直接的な関係を通
して学校教育の一端を知ることになり、教育学の分野に関わってき
た自分にとっては、とても勉強になったように思う。

　そこで次には、3 年間という浅い経験ではあるが、いくつかの業
務を通して学校教育行政の実態と課題について若干述べる。

第2節　学校教育行政の条件整備性

第6章　学校教育行政論

　中核市程度の規模の自治体になると、指導主事の勤務する学校教育関係の部署は、もっぱら学校の教育内容を含む管理運営の指導や教員人事に関わり、教育内容に関わらない事務的・制度的な事柄については、学校教育関係の別の部署で担当する場合が多い。自分が担当したのも、後者の仕事である。それは、学校教育の条件整備的な側面が強いものであった。

　学校給食は、自治体によっては教育委員会の保健体育の部署で担当することもあるが、学校教育に深く関わる組織となっている場合に限られるだろう。食事は、高等学校以上は別にして、同じ時間帯に一斉にとり、児童生徒の健康上も不可欠なものであることから、家庭の事情で格差が生じないよう配慮が必要である。また、学校給食は「食育」として、学校での教育実践でもある。しかし、実際に食材を用意し、調理を担当するのは教員ではないため、学校の指導を担当する部署以外の業務となっている。自分が勤務していた時期は、給食で用いる食器が大きな問題になっていた。食器は、破損の危険性が高い陶器類や熱が伝わりやすい金属製のものが避けられ、樹脂製が用いられていた。ところが、樹脂製のものからは人体に影響を及ぼす物質が溶出するのではないかが疑われた。地元の新聞やテレビも報道をくり返し、自分は教育委員会の担当部署の責任者として、市の対応について取材を受けることが多くあった。テレビにいたっては、インタビューに応じ、それがニュースとして報道されることが何回かあった。人生でもっとも多くテレビ画面に登場した時期であった。案のじょう、語りはいつも下手であった。このほか、給食については、食中毒の発生がもっとも心配であった。担当職員はもちろん、管理職も土日以外は毎日緊張していたように思う。

　次に、通学区域制度の問題への取り組みをあげる。この制度は、

今日の教育改革における学校選択の問題につながるものである。学校選択は、分権的で市民に開かれた教育行政にするための試みとして行われるようになった。アメリカで新自由主義的な競争原理にもとづく学校改革の手段として提唱され、広く普及したものである。わが国においても、この制度を採用する自治体が増えてきている。アメリカでの学校選択制については、その深刻な問題が報告されている[1]。わが国における制度の導入については、学校が市民に開かれたものになり、特色ある学校づくりが可能になるとする考え方がある一方、学校間の格差を拡大し教育の不平等をもたらす危険があると警告する立場が見られる[2]。

　当該市では、通学区域制度については、すでに弾力的な運用をしていた。指定された学校へ通学できない事情があるときは、教育委員会内に組織された委員会での審議の結果、通学する学校の変更を許していた。だが、学校選択制を導入しているとはいえない。導入するならば、過疎地の学校への通学者が減り、反対に都心部の学校への通学者が増えて収容しきれなくなるのではないか、地方の自治体といえども都市化が進んでいるので、特色ある学校づくりよりも受験競争が激化するのではないか、などの問題点があげられた。導入することのメリットよりもデメリットが大きく、新たな制度の構築よりも、既存の制度の活用の次元にとどまっていたといえる。

　しかし、規制緩和の激流の中で、通学区域制度のもう一歩の前進も必要であった。そこで、新たな要素を付け加えることになったの

---

[1]　たとえば、鈴木大裕『崩壊するアメリカの公教育―日本への警告―』岩波書店、2017年、pp. 46-58.
[2]　くわしくは、小玉重夫「教育行政と学校の統治」木村元・小玉重夫・船橋一男著『教育学をつかむ』有斐閣、2009年、pp. 188-189.

第6章　学校教育行政論

が、「山と海の学校」の制度である。学校教育法でも明言されている
ように、義務教育の段階における体験活動の重視をも考慮して、周
辺部の海または山という自然環境の豊かな学校を指定し、豊かな自
然環境の中での教育を望む保護者がいる場合、都心部の学校から自
由な選択により通学できるようにした。その逆は許されないという
ものである。このような新たな制度の導入については、もちろん教
育委員会で審議するなどの手続きをふんだが、学校の理解をえるた
め校長会で説明を行った。しかし、利用者である保護者を代表する
PTA に対しては説明しなかった。社会教育関係団体に関わってきた
社会教育主事の経験者であるが、学校教育行政サイドの人間になっ
てしまっていた。もっとも、教育行政が実施する学校教育に関する
施策については、すべて PTA に説明するわけではなく、その内容や
事柄の重要度に応じて理解を求めるのが常套手段となっている。教
育行政は、自らの拙速でトラブルを招くことを避け、目標を設定し
たなら、できるだけ効率的に達成しようとするのである。

　教育行政の大きな役割として、教育制度の改革があげられる。改
革という言葉は、良い方向や望ましい事柄をイメージしやすいが、
必ずしもそうではなく、立場によってはそれが逆の方向を目指して
いる言葉ととらえられることもある。すべてが改革という言葉で上
から権力的に教育行政が進められる傾向にある今日、とくに心して
検討しなければならない施策が多いように思われる。中高一貫教育
制度もその一つである。自分が学校教育行政にたずさわるようなっ
た時点では、すでに既定路線になっていて、中高一貫教育がどのよ
うなものかはまったくわからないままに取り組むことになった。ゆ
えに、制度上の問題点や課題を把握しようもなく、また興味関心の
尽きない分野として学習意欲がわきあがるわけでもなく、ひたすら

142

既存の限られた知識と経験で路線を走ることになる。関係者全体が
よくわからず手探りの状態であるので、連帯責任という意識で仕事
をすることになる。しかし、行政の継続性は必要不可欠であり、行
政職員にとっては新たな課題ほど重荷となる。これを苦にすること
なく、解決していける職員がもちろん能力の優れた人物ということ
で、いわゆる出世のコースをたどっていく。

　さて、中高一貫教育は、だいぶ早くから私立の学校で行われてき
た。私立の中高一貫校の多くは、受験のための学習を重視する進学
校である。最終的には、有名大学への進学率を競うことになる[1]。国
が公立の中高一貫教育制度を導入するにあたっても、受験競争の低
年齢化を招くと批判された[2]。自分が関わった中高一貫校は、表向き
は批判されるような受験競争に加担するものではなかった。6 年間
の一貫したゆとりある教育教育課程のもとで、独自の教科「表現科」
「郷土学」を設け、個性の伸長をはかる特色ある学校づくりを目指
すものであった。しかし、教育政策としてこの学校の設置について
分析すると、「首長というポリシーメーカーの政治的判断が働いたこ
とを示す」と考えられてもいる[3]。教育制度面と教育内容面を担当す
る部署は分かれていて、学校運営の理念や教育課程等は後者が担当
し、自分の属する部署は前者を担当した。受験に関わる部分につい
て、担当部署や市行政の上層部がどれだけ意識していたかは、公式
に表明されたものがないので不明といわざるをえない。公立の中高

---

[1]　実例として、橘木俊詔『日本の教育格差』岩波書店、2010 年、pp. 114-115.
[2]　たとえば、藤田英典『教育改革―共生時代の学校づくり―』岩波書店、1997
年、pp. 77-91.
[3]　本多正人「公立中高一貫教育をめぐる政策課題―秋田市の事例を中心と
した一考察―」日本教育行政学会編『日本教育行政学会・25 地方教育行政の
改革』教育開発研究所、1999 年、P. 138.

第6章　学校教育行政論

一貫校はすでに存在していたが、きわめて少数であった。その意味
では、全国に先駆けて開校した中高一貫校であった。その後、併設
型の高校への進学者が減り、高校の廃止の動きもあったが、存続の
要望が強く、今は連携型の高校となっている。したがって、中学校
の部分は通学区域制度上は地元の中学校であるが、中高一貫校とし
て地元小学校以外からも受け入れる必要があるため、学区外からも
入学を受け入れる「中高連携特認校制度」を導入している[1]。当時の
予想とは逆方向に進んでいるので、当時の教育行政の判断が問われ
ることになる。

　なお、この学校事務の部署から美術館に異動した後に、中高一貫
校の設置にともなって生じた通学区域制度の問題について、小論を
まとめていた。これまで公表の機会がなかったので、当時のものに
加筆修正を加えて、次に紹介する。

第3節　公立中高一貫校と通学区域制度

1　問題の所在

　国家の教育政策として進められている現代日本の教育改革のプロ
グラムの中に、中高一貫教育の推進と通学区域制度の弾力化が含ま
れている。これらは、学校教育の公共性と平等性の視点から交錯す
る性格をもっている。

　中高一貫教育制度は、1999年4月にスタートし、全国各地で国公

---

[1]　秋田市教育委員会学事課ホームページ www.city.akita.akita.jp（2017年12月
17日現在）参照。なお、中高一貫校の中学校の学区は、「秋田市立小・中学校
の通学区域（学区）」では、移行期のため地元中学校の学区と旧来の隣接学区
が併存している。いずれ、地元中学校の学区に変更されるだろう。

私立の一貫校の設置や検討が進められている。この一貫校が国立や私立の場合は、通学区域制度の問題との衝突がほとんど起こらないのに対して、公立学校の場合は、その設置形態によってはこれまでの通学区域制度の再検討が必要となる。文部省の頒布している「ゆとりある6年－中高一貫教育スタート」というリーフレットには、通学区域について、「中等教育学校や併設型の中学校は、従来の市町村立学校とは別に設置されるので、通学区域も別になります。具体的には、各設置者が、設置しようとする学校の数や特色等を踏まえて、判断することになります。」と記されている。一貫校の設置にもとづく通学区域に関わる諸問題を想定し、その解決を自治体の努力に委ねていた。

　そこで、設置形態としての併設型において通学区域制度の新たな問題が提起され、それを克服するための通学区域制度の規範的な視点を提示したい。この試みにおいては、「教育法解釈学」や「教育法社会学」、「教育政治学」などの方法を用いる複眼的な手法により分析・検討したうえで、提案を行う。対象となる秋田市の一貫校は、これまでの就学指定校が就学指定の枠組みからはずされ、学校選択制と通学区域制度との交錯点に位置する特殊なケースとして、単眼的な手法によってはとらえることのできない事例である。

2　通学区域制度と併設型中高一貫校

　中高一貫校の設置形態には大別して3種類がある。これらのうち、中等教育学校と連携型の中学校・高等学校については、通学区域をまったく新たに定めるかどうかにかかわらず、就学指定から成り立っている通学区域の問題に抵触することはない。しかし、併設型の中学校・高等学校の場合は、中学校を新設するか、既存の中学校を

第 6 章　学校教育行政論

移行または統廃合させるかの違いによって、通学区域制度に新たな
問題を投げかける。

　1999 年 4 月に開校した岡山市立後楽館中学校・高等学校は、既存
の市立定時制の商業高校と工業高校を統廃合して定時制・総合学科
の普通高校とし、中学校を新たに設けたものである。しかも、校舎
を岡山駅の至近距離に設け、通学区域を全市一区にした。このよう
な通学に配慮した配置であるならば、選抜の方法の当否が問われる
ことはあっても、通学区域の設定にともなう不公平感は生じないは
ずである。さらに市立の一貫校を増設するような将来構想があると
するならば、通学区域を適正に分けるなり、あるいは一貫校に関し
てのみ全市内で自由選択とすることも可能である。

　これに対して、秋田市の場合は同じ併設型の一貫校であっても、
従来型の中学校を併設型のそれに移行させ、同時に高等学校を新設
するものであり、従来型の公立中学校に制度的必然として設けられ
てきた地元の中学校としての、就学校指定の根拠となる通学区域を
排除しなければならない。従来型の中学校の通学区域が全市一区の
通学区域に拡大したのである。したがって、小論の主題ではないが、
地元小学校からの中学校への進学も選抜の方法をとらざるを得なく
なる[1]。すなわち、併設型の中学校への進学は、通学区域の設定を背
景とした形式上の就学校指定制にもとづくのではない[2]。

---

[1]　秋田市中高一貫校設立準備室『秋田市中高一貫校設立準備構想』1998 年
によると、御所野学院中学校への選抜方法として、全市小学校からの選抜と
地元御所野小学校からの選抜の内容が区別されている。前者は、自己表現活
動、集団活動、面接および抽選によるが、後者の場合は面接のみである。
[2]　「地元住民に配慮して就学指定校としての枠ははずせない」（本多正人・前
掲論文、p. 133.）との記述はインタビューにもとづくものであるが、実質に
着目してそのような表現は可能としても、中高一貫教育制度が就学校指定制
ではなく、選抜にもとづく就学を制度的な本質とする以上、適切な表現では

146

第6章　学校教育行政論

　このように、秋田市の一貫校は通学区域の問題に新たな一石を投
ずる役割を果たしたことになる。逆に、都道府県が中学校と高等学
校を同時に新設したり、あるいは従来の県立高等学校を併設型に移
行させ、中学校を新設したとしても、秋田市のような通学区域の問
題は生じようがない。もっとも、市町村の中学校を都道府県に移管
するような措置をとる場合は、就学校指定制の地元の中学校がなく
なるのであるから、義務教育制度上の問題が起こるが、このような
ケースはきわめて例外であろう。この意味で、秋田市のケースは、
併設型一貫校に関わる通学区域の問題を検証する材料を提供する。

3　併設型のヴァリエーションと通学区域

　中高一貫校の設置形態については、以上の一般的な三類型のほか
に、地域の実情に応じて導入できるような「併設・連携の併用」「複
数の中学・複数の高校の連携」「中学校の一部の生徒・高校の連携」
などの多様な形態が想定されている[1]。これらの中でも、連携型は先
述のように通学区域の問題はほとんど生じるおそれはないと思われ
る。また、併設と連携を併用する場合にあっても、併設の部分が岡
山市のような併設型であれば、地元の就学指定校の存否が問われる
ことはないはずである。したがってやはり、通学区域に関する不整
合や調整の必要な問題は、市町村が設置する併設型、しかも秋田市
のようなタイプにおいて顕在化する。

ないと思われる。
[1]　文部省は、中高一貫校の設置を推進するための事例集を 1999 年度中
に作成し、自治体に設置のノウハウを提供することになっている。この事
例集には、本文記載の設置形態をはじめとする多様な形態が示される予定
になっている。この点については、『内外教育』1999 年（平成 11 年）12 月 7
日、時事通信社参照。

147

第 6 章　学校教育行政論

　以上から、併設型のヴァリエーションに関わる通学区域について考察することが、中高一貫校の導入に伴う通学区域の弾力化と学校選択の問題の検討や解決に有効な手だてを提供できることがわかる。そして、この作業を進めるにあたっては、つぎの分析と問題提起を看過してはならないであろう。

　すなわち、教育改革プログラムには、「教育制度の改革」という項に「中高一貫教育制度の導入」が、また「教育制度の弾力化と規制緩和の推進」の項に「公立小・中学校の通学区域の弾力化」があげられているが[1]、これらは相互に切り離しがたく関連していることが暗黙の前提にされている。このことは、「中高一貫校の設置との関連で、弾力化の措置が『学校選択の自由』のもたらす帰結を顕在化させる危険性は大きい。」[2]という危機感になってあらわれている。つまり、中高一貫校というまったく新しい制度の導入によって、既存の通学区域制度の枠組みを取り払うほどに弾力的な運用がなされ、学校選択の自由化が加速するというものである。

　たしかに、究極的にはそのような可能性をはらんでいるといえるが、しかしまた、通学区域制度の際限のない弾力化をはばみ、本来的な意味での通学区域制度を機能させるルールや基準を形成する契機ともなり得る。小論では、このような通学区域制度の実現の可能性を探ろうとするものであるが、このための素材として、秋田市のケースを検証する。

　御所野学院中学校は、人口急増地区へ小学校と接続する中学校の

1　『内外教育』1998 年（平成 10 年）5 月 12 日、時事通信社参照。

2　堀和郎「公教育をめぐる規制緩和の問題点」日本教育行政学会編『日本教育行政学会・24 教育行政研究と教育行政改革』教育開発研究所、1998 年、p. 176.

148

第 6 章　学校教育行政論

新設と遠距離通学の解消を目的とする地域のニーズに応えて、隣接の御野場中学校からの分離新設として設置された。これが、わずか1年で併設型の中学校に移行することになるが、しかし、義務教育制度のもとの就学保障と住民感情に対応する必要がある。そこで、全市内から公募の 40 名の生徒のほかに、地元の生徒で御所野学院中学校への進学を希望する者の受け入れを可能とするために、全市一区という通学区域に御所野区域という通学区域を重ねて設定することが考えられる。いわば、二つの異なる基準を成立させ、それぞれに適合する事柄は、優劣や上下の差がなく同等に認められる「二重の基準」方式である。ところが、一貫校は通学区域にもとづく就学指定校ではなく、就学校指定制が制度構造の一環を形成することになると、選抜を経て 6 年間一貫した教育を行うという制度趣旨が崩れてしまうことになる。

　そこで、全市一区という通学区域の中で、全市小学校からの生徒と地元の生徒を選抜によって受け入れるという形式的平等と双方の生徒の共存・共生の視点から、中学校入学の段階で選抜を行うという一貫校の制度趣旨をふまえつつ、一貫校を希望しない生徒の義務教育制度上の就学をいかに保障するかということに、二重の基準の視点をシフトさせることである。すなわち、具体的には御所野学院中学校については全市一区を通学区域としながら、分離新設前の隣接の御野場中学校に就学指定ができるように、通学区域を既存の御野場学区の御所野区域への拡大によって設定している[1]。これをい

----

[1]　秋田市では、通学区域は歴史的経緯もあり、教育委員会規則ではなく、教育委員会告示の方法によっている。そして、この告示においては、いったん御野場学区から御所野区域が削除されながら、再び御所野区域が追加されている。

149

第6章　学校教育行政論

いかえると、御所野学院中学校への進学を希望しない場合でも、御
所野地区に居住していると御野場中学校に通学できるということで
ある。しかし、全市一区の通学区域に一部地域の御野場学区という
通学区域が重ねられているという意味では、やはりこれも二重の基
準方式といえる。したがって、併設型一貫校に関わる通学区域のあ
り方を示すには、この二重の基準方式について検討を加えることが
必要となる。

3　「二重の基準」と通学区域の設定

　「二重の基準」は、憲法規範の解釈理論の中に登場する。端的に
いうと、この理論はアメリカの憲法判例において確立し、自由権の
規制立法の合憲性判定基準が、権利の性質に応じて差異的に適用さ
れるべきであるという考え方であるが[1]、その理論的根拠について
は憲法学上も見解が分かれている[2]。しかし、その考え方の本質は、
物事の性質が異なればそれに応じた基準を適用してもさしつかえず、
また優先順位を認めるというのである。このような二重基準は、一
定範囲の区域を設定しそれにしたがわせるという意味で法規範と関
わり、また教育を受ける権利を保障するために権利主体の意向に配
慮して複数の区域を設けるという点で、法解釈学から帰結する論理
ではあるが、通学区域の問題に応用可能な論理としてとらえ直すこ
とができる。

　秋田市では中高一貫校の設置に伴って、一貫教育を受容する保護
者とそうでない保護者という、対立する対象の権利保障のために、

---

[1]　この理論については、芦部信喜『演習憲法』有斐閣、昭和59年、p. 94.
[2]　この点につき、佐藤幸治「いわゆる『二重の基準論』について」佐藤幸治
・中村睦男・野中俊彦『フアンダメンタル憲法』有斐閣、1994年、P. 53.

150

通学区域を二重に設定しているのであるから、少なくともこのような二重の基準の論理を教育法レベルにおいて形式的に用いていることがわかる。本来、憲法解釈に適用されてきた理論を形式的な法論理構造の同一性をもって、教育委員会告示などの教育法レベルにまで敷衍させることの妥当性についてはなお検討する必要があろう。しかし、基準を二重に設定せざるをえない苦渋の選択を法解釈学の理論で解明するには限界がある。むしろ、この選択決定は、一貫校への就学、従来の中学校への就学のいずれの要望にも配慮しなければならないという、設置経緯から帰結する事情であろう。それゆえに、このような教育法現象には地域住民と地方教育委員会の関係構造が編み込まれているといっても過言ではない。

　このような法現象へのアプローチには、「教育法社会学」の方法が有効に機能する一つと考える。この方法は、教育行政研究の分野においても、比較的早くから用いられてきた。「教育にかかわる法の存在様式を生きた社会現象の一環とみること、教育法をめぐる社会的対抗関係の現実そのもののなかに『生ける法』が存在するというダイナミックスにこそ分析の眼を向けなければならなくなっている。」[1]からである。そして、通学区域の問題をこのような方法で追究した研究も積み重ねられている[2]。

　さて、教育法社会学の視点は、秋田市の事例に対して、第一に義務教育学校と地域との関係構造にメスを入れることができる。これ

1　高野桂一「教育行政学と教育法の法社会学」日本教育法学会編『講座教育法第1巻教育法学の課題と方法』総合労働研究所、1980年、P. 94.
2　その代表的なものとして、古くは千葉正士『学区制度の研究－国家権力と村落共同体』勁草書房、1962年、比較的新しいものとして葉養正明『小学校通学区域制度の研究－区割の構造と計画－』多賀出版、1998年などがあげられる。

第6章　学校教育行政論

までも、学校と地域との結びつきの弱まりが指摘され、相互関係において学校の再生と地域の再生が語られる傾向にあった。義務教育制度の実現のため、どのような地域にも学校がつくられ、その歴史的・社会的経緯から地域社会の共同性やまとまりが維持されてきたのも事実である。また、子どもたちが生活する場でもある地域社会の人間形成力や教育力に着目して、学校での学びや生活にそれらを活用することが教育実践としても多く試みられてきた。御所野地区は、秋田テクノポリス構想にもとづくニュータウンである。ほとんどの地域住民が秋田市内外からのニューカマーであるゆえに、子どもと学校を通して地域的アイデンティティを形成することは重要である。したがって、地域に居住する住民の子どもが、通学区域が全市一区であるために、希望するにもかかわらず御所野学院中学校へ進学できないのは容認できない。全国各地で学校の統廃合が常に紛争の火種になってきたことは周知のとおりである[1]。併設型の中学校ができることは、従来の中学校がなくなることを意味し、前者に後者の要素をもたせることの地域住民の意思表示は当然のことであった。これに対応し、選抜制度を全市内小学校と地元の御所野小学校からそれぞれ進学する生徒を区別するように、二元的に構成することになる。それゆえ、通学区域の二重設定は事後的処理の機能をになっており、その法規範論理はきわめて技術的である。

　さらに、秋田市の中高一貫校が地域密着型で地域の教育力を最大限に活用する学校であることを標榜しているが[2]、このような学校

---

[1]　学校統廃合をめぐる紛争については、若林敬子『学校統廃合の社会学的研究』御茶の水書房、1999年参照。

[2]　前掲の秋田市の構想によると、この学校は地域をフィールドにした教育・学習活動に特徴があり、とくに中高合同の活動は地域との連携・協力を不

第 6 章　学校教育行政論

づくりの構想がこれまでのルールを越えて、通学区域の問題を解決
しようとするスタンスをとらせる一因ともなっている。地域との連
携・協力がなければ、この学校はその存立基盤を失うことになるの
であるから、地域への配慮を優先させ、通学区域の設定における整
合性の問題はそれに追随するものになった。

　第二には、選抜制と通学区域の問題との関連で、優先の基準が語
られていることを確認できる。このような問題は複雑な形態をとり、
それを解き明かすことは容易なことではないが、すでに外国の事例
については研究が進められている[1]。

　岡山市の一貫校の場合は、全市一区の通学区域の設定のもとに、
選抜においては 10%枠で不登校の児童を優先的に受け入れる[2]。こ
こでは、選抜という同一の枠組みの中で優先基準が用いられている。
これに対して、秋田市の事例は、選抜と通学区域の双方の枠組みに
またがる優先基準の用い方である。その図式に焦点をあてるならば
選抜を通学区域に優先させ、さらに選抜の中では特別枠として地元
小学校からの児童を優先的に受け入れる。しかも、義務教育就学の
ため、この小学校の児童が増えると優先枠が当然に拡大するものと
なる。

　このような優先基準の実施は、不公平を是正することもあれば、
逆に不公平を帰結する場合もある。これまでも、優先基準は理論仮

可欠の前提としている。

[1]　山村滋「イギリスにおける各地方教育当局の中等学校進学制度の分析－
学校選択の自由化政策下での全国的把握と制度設定の理念－」日本教育行政
学会編『日本教育行政学会・23 現代日本の公教育構造の変容』教育開発研究
所、1997 年は、通学区域のタイプと選抜制の有無および優先基準を要素にこ
の問題にアプローチしている。

[2]　「事例紹介 2 語ろう君の夢を！岡山市立岡山後楽館」文部省『教育委員会
月報 3 月号』第一法規、平成 11 年 3 月、p. 37.

153

第6章 学校教育行政論

説や制度の設定・運用において多用されてきたが、それは自由や平等、福祉、共生などの価値や理念を実現するための手段としてである。いわゆる「積極的措置」は、優先扱いや優遇の方法をめぐって大きな論争を巻き起こしたが、目的実現の手段が道徳的評価に耐えられるかどうかが正当性の分かれ目となった[1]。

秋田市の一貫校については、それらの究極的価値の追求という目的のレベルよりは、より具体的な形をとり、地域の学校として通学の安全、地域の教育力を生かした学習と生活などの従来の公立学校における教育の質の向上というような目的が、地域住民と教育行政側との合意点となり、優先基準が導入されたと分析できる。このため必然的に、市内の他地域からの選抜枠の狭まりという問題が残ることになる。岡山市に比べても、優先基準を用いることが、一方において権利の保護、他方において機会の不均等への憂慮を帰結する点に、秋田市方式のユニークさがある。しかしそれでも、先述の積極的措置の正当化の枠組みを越えるものではない。

以上のように、通学区域の二重設定の問題については、教育法社会学の方法によって、優先基準が義務教育学校における地域の教育力の活用という教育計画の要請と、公立学校への就学の保障をめぐる住民との社会的対抗関係から、通学区域制度という「生ける法」の領域における「法創造」や「法実現」の機能のために、政策的に導入されたものであることがわかる。したがって、秋田市の事例分析から併設型一貫校に関する通学区域制度のあり方を提示するには、

---

[1] この積極的措置は、「アファーマテイブ・アクション」と呼ばれ、米国において、いわゆる「逆差別論争」の争点であった。この点につき、石山文彦「『逆差別論争』と平等の概念」森脇康友・桂木隆夫編著『人間的秩序－法における個と普遍』木鐸社、1987年参照。

154

法現象に影響を及ぼし、法規範を変えていく法規範を越えた存在としての政策的要因を探り出したうえでなければならない。

4 通学区域の設定における政策的要因と制度構想

秋田市の中高一貫校の導入をめぐる政策決定過程の分析については、先行研究があり[1]、自治体の政策決定のメカニズムが明らかにされている。このような高次元の分析は、いわゆる教育政治学[2]の手法によることが有効であろう。

しかし、教育政治学の方法は、巨視的・静態的な側面と微視的・動態的な側面をあわせもっているといわれる[3]。このことを考えると、秋田市における導入そのものの政策決定過程は前者の側面でとらえられるにふさわしいが、導入にともなう通学区域の政策的な設定の問題は後者の側面でよくとらえられる性格をもっている。しかも、教育法社会学が現実的動態を究明するにとどまらざるをえないのに対して、教育政治学は「べき」という言葉に示されるように、規範的要素をもつことができる[4]。小論は、設定される「べき」通学

---

[1] 本多・前掲論文は、管見によると、教育行政学の分野で最初の業績である。

[2] 教育政治学は、教育行政には政治的側面が存在することを前提としている。堀和郎によると、教育政治学は行政統制的側面をとらえ、法制論や政策論として展開されてきたが、規範論的視点が重視され、経験科学的視点が少なかったという。(堀和郎『アメリカ現代教育行政学研究』九州大学出版会、1983年、p. 370.)

[3] 白石裕「教育行政研究の方法論を問う－比較研究の立場からの提言」日本教育行政学会編『日本教育行政学会・18 教育行政研究の方法論を問う』教育開発研究所、平成4年、pp. 55-58.

[4] 白石裕は、教育行政研究が規範性から脱却すべきでないかと主張しているが(前掲論文、p. 58.)、教育政治学に実証的な方法と規範的な方法があることを思えば、教育政治学の手法で考察する限り規範性を価値選択することは許されてよい。

第6章　学校教育行政論

区域を提示するのであるから、この教育政治学の方法は微視的・動態的に実態を解明すると同時に、規範的な視点から通学区域の望ましい姿を描くことができると思われる。

　ここで再び、秋田市の事例をもちだすと、通学区域の二重設定が政策決定を受けた正当化のための技術的帰結であったが、これを克服できる方法が提起されてしかるべきである。すなわち、同じ学校内で選抜による中高一貫校の生徒（これには、地元から拡大された全市枠で選抜された生徒も当然含まれる。）と、地元の御所野地区から学校指定により就学した生徒を区別することである。このためには、通学区域は全市一区と御所野学区とに再び二重設定され、二つの学区を両立させることが必要となる。したがって、高等学校の学級を増設しなくても[1]、中学校と高等学校の同数の学級が中高一貫の教育課程で無理なく接続できることとなる。

　このことをいいかえると、御所野学院中学校は同一の施設ではあるが、中高一貫校としての併設型の中学校と従来の中学校としての性格を兼ね備えることになる。中等教育学校のように、一つの学校として、6年間一体的に中高一貫教育を行うものではなく、設置者が同一で教育課程が一貫していればよいから、施設の同一性は問題視する必要がないと思われる。ただし、同じ学校の中で中高一貫教育と従来の中学校の教育が行われることにともなう、学校の管理・運営上の問題は常につきまとう。また、学校教育法施行令や同法施行規則が一貫校の成立を学校全体が選抜制度にもとづくという条件に求めているとしか解釈できないならば、そのような変形型は認め

---

[1]　前掲の秋田市の構想では、中学校からの高等学校への進学者が増えた場合は、高等学校の1学級増を考慮するといっている。

156

られないこととなるが、その場合にあっても、実態に即応した政令や省令の改正を立法論や立法政策として主張することはできる。

このように、設置形態の特殊性は、通学区域の現実態とは異なる制度構築を提案することにもなるが、この点は逆に、通学区域の問題が併設型のヴァリエーションの変換を提起することを意味している。

5　まとめにかえて

わが国の一貫校の導入は選択的な性格をもち、都道府県単位、あるいは市町村単位での全般的な設置はよほどの長期的展望を必要とするだろう。また、どのような制度も途中挫折がありうることも歴史的経験として想起しなければならない。

公立の義務教育学校は、教育の機会均等を実現するために設置・運営されてきたものであり、私立の一貫校で経験済みだからといって、選抜に伴う競争の激化や学校統廃合への連動、通学区域の不利な変更などの不安を払拭できるものではない。とくに、通学区域の問題との関連では、中高一貫校の多様な設置形態が想定されているだけに、通学区域の弾力化の程度や態様が問われることになる。この点については、すでに中高一貫教育を実施している諸外国の通学区域制度についての研究も有益であると思う。しかし、現時点では通学区域の問題は先進地における試行錯誤をフィードバックしながら、できるだけ基本的なモデルを構想し提示していくほかはないであろう。

この場合においても、中高一貫校の設置は選択肢の拡大につながり、学校の自由選択制の方向をイメージさせるが、通学区域制度のメリット、デメリットがその弾力化をおしとどめ、あるいは促す要

第6章　学校教育行政論

因ともなりうることに留意すべきである。また、公立の一貫校の導入に伴う通学区域の弾力化は、必然的に政策的な性質を帯びるものの、規範的な視点をどのようにすえるかによって弾力化の態様や程度を規定するという点も重要である。併設型の一貫校に関わる通学区域制度のあり方とは、このような学校選択制と公立義務教育学校への就学の理念とのせめぎ合いにおける均衡点として示されるものなのである。

第4節　縦割り行政と教育現場

　わが国の教育行政は、中央教育行政を文部科学省が、地方の教育行政は都道府県や市町村の教育委員会が担当する。これら教育行政の任務は教育条件を整備することに限定され、教育内容には関与できないとする有力な見解がある。しかし、行政解釈では教育内容にも関与できると主張し、実際にも行政機関の上意下達の組織関係が維持されている。このような教育行政の関係性は縦割り行政を意味しており、頂点に位置している文部科学省の意志が、この機構を通して教育現場である学校にまで貫徹される仕組みとなっている。この国と地方の教育行政は、戦前のような指揮・監督ではなく、戦後に指導・助言の関係にあるとされるようになった。しかし、それが形骸化し、現実には教育委員会事務局の指導主事を通して、文部科学省の指導・助言が教育現場への管理統制、指揮監督として機能しており、また文部科学省－都道府県教育委員会－市町村教育委員会－校長会－教育現場という縦割り行政が強固につくられているとい

第6章　学校教育行政論

う指摘もなされる[1]。このことから、教育委員会廃止論が登場するなど、教育委員会改革が論議されるようになった。結果的には、教育長を首長が議会の同意をえて直接任命し、また首長が招集した総合教育会議を経て教育行政の基本方針を策定するなどの制度改革が実現し、この縦割り行政に首長が介在することになった。しかしこれで、縦割り行政が解消され、分権化も実現するかどうかはまったく未知である。

　自分は、このような縦割り行政の中で長く過ごしたが、社会教育行政の場ではその関係性が縦割りであることに気がついてはいたが、とくに違和感をもつことはなかった。県教育委員会を通して事業や補助金がおりてくることがあり、それは社会教育事業の充実にとって必要であると理解していたくらいである。これに対し、学校教育行政の場では、短期間であったにもかかわらず、違和感を感じることが多かったように思う。自分の職場は、学校教育について指導する職場と隣り合わせにあった。年間を通して、文部科学省からの通知の文書が県教育委員会を経由して、次から次へと舞い降りてきて、指導主事がそれらの内容を解釈し、関連する市教委独自の考え方を含めて、教育現場に伝える業務を目のあたりにし、伝える側だけでなく受ける側の煩雑さを推しはかったものである。単に、伝達文書にして送付する場合もあるが、説明会や研修会を開いて伝えることもある。とくに、校長会や教頭会に出向いて、伝達や説明、協力要請などを行うことが多い。学校教育の指導に関する事柄だけではなく、学校事務に関することもやはりそのような必要があり、出向くこともあった。

1　新藤宗幸『分権と改革』世織書房、2004年、pp. 50-51.

159

第6章　学校教育行政論

　学校教育行政と教育現場とは、指導・助言の関係で結ばれている
のが教育行政の論理であるが、やはりその基盤になっているのは、
ふだんからの校長会や教頭会との関係構築であろう。これらの団体
は、先に述べたように、縦割り行政のラインの一部を構成している
が、教育現場という末端まで教育行政機関の意志を伝えるためには
不可欠の存在である。だから、これらとの意思疎通をはかるために、
懇親の場を設け交流をはかることにもなる。そのような場は、対等
であるのが理屈であるが、実際は校長、教頭たちの多くはきわめて
下手に出てくる。また、学校現場へ直接出向いた場合は、多くの教
員たちの待遇の仕方はじつにていねいである。そこで、指導・助言
の関係について、改めて考察してみることにした。

第5節　学校教育と指導・助言行政

1　問題の所在

　教育行政の基本原理の一つとして、指導・助言行政があげられる。
この原理は、非権力的行政作用である指導・助言行為においては、
行為の主体と客体が存在することを前提とする。ここでいう主体と
は、一般に、国家や自治体などの公権力を意味し、具体的には国や
地方の教育行政機関を指す。これに対し、客体とは、教育現場の教
師およびその集団や、社会教育法でいう「社会教育を行う者」を指
している。

　たしかに、教育行政作用としては、教育というものの本質あるい
は性格からみて、非権力的な指導・助言行為がもっともふさわしい
ものとみなされている。このことは裏を返すと、現実に、指導・助
言行為を通じて公権力の教育意思の通用がはかられていることを意

160

味する。そこに、現代教育行政の基本的特徴がみられる。

この指導・助言行為は、非権力的ではあっても、組織法上の権限規範にもとづき、しかも法的根拠をもつ教育制度の中で内部秩序を形成している行為規範にもとづき実践されているものである。これは、公権力の「法」を媒介とする活動といえるのであり、法現象の根源的な追究の対象となる。しかし、このような教育法現象については、教育現象に内在しつつ、法との関係性においてアプローチできる。そこからは、教育的営為における指導・助言の意味との関連のもとに、教育行政における指導・助言行為の主体と客体の関係性が問われてくる。これを明らかにすることは、教育と法との関係を根源的に問い返す中で、指導・助言行為の本質を明らかにすることでもある。

この意味では、ハーバーマスの「批判理論」による分析検討がきわめて有効であり、これを用いて、主体の相互関係を規定するコミュニケーション的行為や、それにもとづく合意形成と公共性の問題との関連のもとに、指導・助言行為の現実的構造・機能の批判的解明と再構築を試みることにしたい。

2 教育行政における指導・助言行為の内実と対立構造

戦後の教育行政は、戦前の視学制度にみられるような強権的・中央集権的な教育行政への反省をふまえ、憲法・教育基本法のもとに再構築されたものである。それは、権力的な命令監督との決別を示す非権力的で専門的・技術的な指導・助言行為による行政の教育意思の伝達・徹底、すなわち行政作用の形態・方法に着目して、指導・助言行政といわれている。

このような指導・助言行為については、教育法規上も確認されて

第 6 章　学校教育行政論

いる。国と地方自治体の間の指導・助言の関係を規定したり、ある
いは指導主事や社会教育主事による指導・助言を通じての、地方自
治体と教育現場の教師や社会教育活動の推進者との関係を明らかに
したものなどがこれである。これらの関係構造は、各教育行政主体
間の関係から教育行政主体と教育主体、あるいは教育主体相互の関
係に整理できる。しかし、指導・助言行為の本質を明らかにするた
めには、このような様々な主体間の関係の実質的な意味・内容が追
究されなければならない。そこで、改めて指導・助言行政の構造を
とらえる視点を確認しておく必要がある。

　公教育においては、教育の外的な諸条件を整備していくことが不
可欠である。そこでは、原則として法的拘束力をともなう権力的決
定性が前提されている。しかし、わが国では外的事項・内的事項区
別論が展開されてきたように、教育内容・方法の内的事項に対する
行政権による統制は排除されるべきことが主張されてきた。現行教
育法制のもとでは、教育行政は教育の自主性と専門性を尊重し、教
育を守り育てるための諸条件を整備することに任務があると考える
ものである。これに対して、行政解釈の立場からは、政治的多数決
主義にもとづいて、教育の条件整備は教育の内容面への介入・関与
にまで及ぶものとの主張がなされてきた。しかし、行政解釈の立場
のみならず、両事項区別論にはさまざまな視点から批判がよせられ
てきた[1]。

　これに応えるべく両事項区別論については、その再構成がはから
れることになる。「学校制度的基準説」はこの代表的なものである。

---

[1]　たとえば、市川昭午『教育行政の理論と構造（第3版）』教育開発研究所、
昭和55年、pp. 154-156. 永井憲一『憲法と教育基本権（新版）』勁草書房、1985
年、pp. 66-83. など。

162

これは、学校体系や学校設置基準はもとより、学校教科目および授業時数などの教育課程の枠組みとしての学校制度的基準に限り、教育行政による法的な介入を認めるものである。したがって、教育内容に対する法的な介入は許されないが、現行法上は、指導・助言行為による関与は許されるということになる。このような行為は、指揮監督と異なり法的拘束力をともなわないものであるが、教育専門的にも優れたものとして指導性を有することが強調される。たしかに、こうした法論理は、その根本原理を「優秀なるものへの尊敬」のキーワードに表されるアメリカのスーパーバイザーを中心とするスーパービジョンの制度理念に求めることができる[1]。

しかし、現実に展開されている指導・助言行政は、依然としてより上位にあるものの優越性を如実に示している。このような状況のもとで、理想主義的な指導・助言行政論に対する再構成や批判の視点が提起される。

まず、再構成を試みる理論は、教育内容への国家の関与については指導・助言であれば必ず許されるわけではなく、教育内容の大綱的な基準を設定して、それに法的拘束力をもたせることは許されるとする。そして、教育行政機関は、個別的に学校や教師の側から求められた場合に教育内容に関与できるが、そうでないと教育内容に関する参考意見を発表することができるだけであるという[2]。これは、教育内容に対し行政が関与できる範囲・方法を明らかにし、指導・助言行政の再生をはかろうとする視点と評価できる。しかし、このような考え方は、現実の指導・助言行政に機能主義的・個別的

---

[1]　兼子仁『教育法（新版）』、法律学全集16- I 有斐閣、昭和53年、pp. 355-356.

[2]　内野正幸『教育の権利と自由』有斐閣、1994年、pp. 67-72.

第6章　学校教育行政論

に対応するにすぎないということができる。

　これに対し、批判の視点は指導・助言機能そのものを教育行政に
よる教育内容の権力的支配ととらえる。すなわち、それらの理論は、
指揮監督を前提とする管理・被管理関係のなかに指導・助言機能が
位置づけられる教育行政の現実と、指導・助言それ自体が近代的な
支配(支配としての指導)であることへの批判的認識が不在であり、
「観念論的主観主義」、「近代的支配理論」にほかならない[1]。このよ
うな視点においては、指導・助言行為の主体と客体の対等性や「優
秀なるものへの尊敬」は観念論にすぎず、むしろ教育の専門性を前
提にする指導・助言行為は、教育行政機関と学校、学校内部におけ
る校長等と教師、それぞれの関係において専門性における優劣およ
び指導・被指導の関係を容易につくりだすということが批判的に認
識される。

　しかし、こうした教育の支配構造がどのようにつくりだされてき
たのかを明らかにすることが重要である。これは批判者自身の課題
でもあるが、小論において、指導・助言行為の本質を明らかにする
うえで、まず取り組まなければならない課題である。

3　現代国家と行政作用の特質

　現代国家の本質を「福祉国家」と規定するのが、今日の法規範学
のみならず社会科学の立場では一般的となっている。しかし、この
概念については、その構造や機能の分析の視点の差異に応じて、さ
まざまなとらえ方が存在するが、ここでは「福祉国家」に関する共

---

[1]　岡村達雄『現代公教育－臨教審批判と変革への視座』社会評論社、
1986年、p. 335.

164

通理解として、行政権の拡大・強化という現代的な現象が顕著になっていることをあげておく。

　ハーバーマスによると、このような現象は「晩期資本主義」における国家の社会領域への介入の増大の帰結であり、立法機関の形骸化と法規範の機能力の低下などを通じて、行政機関の活動領域の拡大と、それにともなう行政裁量権の増大となってあらわれる[1]。このように、行政機関の果たす機能が相対的に増大する面に着目して、国家機能は行政国家現象と特徴づけられている。なるほど、現代の激しい社会構造の変化の中で、国際社会から日常の生活世界のレベルに至る領域に細部にわたって機動的に対応できるのは、その専門性、情報能力、組織の規模、あるいは人びとの生活との密着性などをみてもわかるように、行政機関をおいてほかには存在しないといえる。行政権力の民主的統制の手段としての「法律による行政の原理」の枠組みの中でもなおかつ、柔軟性、弾力性をもって人びとの多様なニーズに積極的に行政サービスを提供していくことが、現実にも期待されている面がある。こうした行政過程をみて、それを批判的に捉えるかどうかを問わず、現代国家の本質を「行政国家」と規定する立場もみられる。そして、この行政国家の概念についての理解の仕方はさまざまである。たとえば、行政国家においては、本来的に執行機関である行政部が政策形成の役割や政治的機能を果たしているとして、新しい行政概念を構成すべきことが提唱されているが[2]、しかし、これは、現代国家の本質を明らかにしたというよりも、行政権の肥大化現象を説明した道具概念にすぎない。

1　J．ハーバーマス著、細谷貞雄訳『晩期資本主義における正統化の問題』岩波書店、1979 年参照。

2　手島孝『行政概念の省察』学陽書房、昭和 57 年、pp. 51-52.

第6章　学校教育行政論

　このような行政国家現象のもとでは、行政の恣意性・便宜性が憂慮され、行政作用における非権力行政の機能の占めるウェイトが大きくなる。こうした質的変化は、教育行政にも連動しており、教育行政の法律主義が問われている。これは、教育に関わる権利や義務の制約を法律事項とするものであり、教育活動が具体的な生きた人間の精神活動であることから、それらの過程のすべてが法律によって規定されなければならないことを意味するものではない。また、この法律主義は権力行政の抑制を趣旨とするが、権力行政を否定するものではない。問題は、行政指導などの法律によらない非権力的行政が同時に、権力性のモメントを全くもたないかである。教育行政の場合も同様であり、とくに非権力的行政活動としての指導・助言行為がその中心となる。

　しかし、行政法一般でいわれている行政指導と教育行政でいう指導・助言行為の関係については、ここでは十分な検討はできないが、指導・助言行為は現実機能としては行政指導の一類型になってしまっている。行政指導は、一般的に、相手方の任意の協力にもとづき、行政目的を達成するために事実として行われる誘導的な行為と理解されているからである。しかし、指導・助言行為について教育行政における本来的機能の追求をするならば、必ずしもこの行政指導の概念に類型化できない要素が見出されてくる。ここでは、教育行政機関による行政指導に対しては、相手方の自由な判断にもとづいて協力も拒絶もできることが理論上は可能にもかかわらず、事実上は強制になりやすいという面に着目して、行政の権力性の問題にその前提として焦点をあててみることにする。

　この問題はやはり、行政指導の機能を中心に考察される。行政指導は、教育行政との関係では法を守らせるためのものと、そうでな

166

いものに分けられている[1]。しかし、前者においては法的効果がねらいであり、これと区別して後者の実効性が確保されるという保証はない。とすれば、行政指導から権力のモメントを除いてしまうことはできず、指導・助言行為の行政指導との非類似性を立証しない限り、非権力的行政の全般的な権力性という矛盾構造を認めざるを得ないこととなる。

　この点に関して、法的効果をもたない行政指導が「他人の意思を左右する力を有する」のは「権力あるいは公の権威」が背景にあるからであって、「その限りで人は、なお、行政それ自体の権力性のスペクトルの端をここに見出すことができる」という指摘がある[2]。こうした視点は、行政国家現象のもとの非権力的行政作用の特質の問題であるのみならず、誘導的な事実行為の相手方の問題でもあることを示唆している。これらの問題の解決こそが、指導・助言行為の独自性・固有性を主張できるどうかのキーポイントになるものと思われる。

4　指導・助言行為の実質的機能と問題性

　指導・助言行政の存立意義は、基本的には行政の教育意思と学校等の教育現場での教育活動を相互に結合する点にある。しかし、このような指導・助言機能の理解は、その相互関係の実質的なとらえ方によって可能となる。

　さて、相互関係の基本的性格は「一方向的」なものと「双方向的」

---

[1]　内野・前掲書、p.71.
[2]塩野宏「行政における権力性」岩波講座『基本法学6－権力』岩波書店、1983年、pp.186-187.

第 6 章　学校教育行政論

なものとに分けられる。このうち、「一方向的」なものとは、上位から下位へというように行政の教育意思がおりてくる場合を意味する。

　現実の指導・助言行政は、文部科学省から現場の教師に至るまでのさまざまなレベルとルートにおいて、また、文書による一般的な指示・誘導や教育行政機関による指導主事等を通じての直接指導などのさまざまなヴァリエーションにおいて展開されている。しかし、その構造の特徴は、文部科学省と教育委員会、都道府県教育委員会と市町村教育委員会との関係のように、事実上、一方の行政主体が優位にたち、相手方に対し法的拘束力と同様の圧迫を感じさせる点にみられる[1]。この点は、教育行政機関と校長等や教師、校長等と教師、それぞれの関係にも少なからず反映している。いわば、指導・助言行為の主体はその客体に対し、組織のメカニズムとしても社会心理的なレベルでも優越的な地位におかれている。これらの関係の多くは、わが国における「行政権の優越性」にもとづく行政法関係に[2]、教育における指導・助言行政が組み入れられてきたことの帰結にほかならない。もっとも、校長等と教師との関係において、教育行政と学校経営上の指導・助言行為には一貫性がなければならないというなら[3]、その意図が相互規制にあるとしても、現実には容易に行政の教育意思が現場に到達するのを許容する論理となる。「伝習

---

[1]　森部英生「教育行政における『指導助言』の性格」日本教育行政学会編『教育における指導行政』日本教育行政学会年報5、教育開発研究所、昭和54年、p. 124.

[2]　田中二郎に代表されるわが国の「行政権の優越性」の行政法理論に対する批判的考察として、神成嘉光・小林建一「現代公法理論の批判的検討（二）－田中理論の批判」、神成嘉光編著『社会科学と現代国家・法』八千代出版、1983年、pp. 265-287.

[3]　高野桂一『指導助言論』高野桂一著作集『学校経営の科学④』明治図書、1980年、p. 35.

館高校事件」は校長の指導にしたがわない教師が処分された事例であるが、ここでは指導・助言行為はそのような一貫性をもち、法的拘束力をも有するととらえられない限り処分規範たりえない。

このように実態分析される現実の指導・助言行政の果たしている実質的機能は、教育現場から望まれている内容や方法において行われていないものとして、歓迎されない必然性をもっている。

たしかに、現実の指導・助言行政の中心的な担い手は、指導主事と社会教育主事である。指導主事の職務は広範多岐にわたるが[1]、おおむね実際的な指導・助言と行政事務の伝達とに分けられる。この中で、指導・助言行為の中心をなす学校訪問は、計画訪問はもとより要請訪問でさえ拒絶反応を受けているのが現実と認識されている。このような指導・助言行為は、現行法の趣旨から命令監督とは解されないが、教育現場においては一般的ニュアンスとして強制的なものと受け取られている。これは、行政解釈において、学校訪問や行政事務の伝達が相手方の希望と意思にかかわらず積極的に行われるべきものされていることからも帰結する。ここでは、教育現場からも要請され、しかも受容される指導・助言行為とはいかなる構造をもつべきかが問われているのである。

また、社会教育主事は、行政解釈によっても指導主事と等しく専門的教育職員とみなされ、「求め」のあるなしにかかわらず、社会教育関係団体の指導者や社会教育施設で社会教育活動を行う者に指導・助言ができると解されている。この受ける側からの「求め」がなくとも、指導・助言行為は行われるものとする点に拘束的な機能が意図されており、行為の主体の客体に対する優越的地位と権力性

---

[1]　くわしくは、川野辺敏監修、金澤孝・秋山慎三編『指導主事の役割と実務上・下』ぎょうせい、1989年参照。

第 6 章　学校教育行政論

のモメントを確認することができる。

　以上のような関係構造は、行為の主体と客体の関係の再構築によって克服できるものと思われるが、その場合にこれまで理想的と考えられてきた、行為の主体と客体の対等の関係の意味を探ることが重要となってくる。

　そこで、まず先述のスーパービジョンの概念が想起されるが、アメリカにおいても、指導主事にあたるスーパーバイザーの職務は教師に対する相談相手・援助者なのか、あるいは管理者・評定者なのかはあいまいといわれている。しかし、わが国の指導主事は監督的要素をもたない者と解するのが一般である。にもかかわらず、教育現場から歓迎されていないという現実をみると、「優秀なるものへの尊敬」とか良き相談相手・援助者という考え方は、果たして対等の関係を前提したものであるのか疑問とさえ思えてくる。ここで、イギリス流の教育行政原理としてのパートナーシップ（手をたずさえた協力）の原理[1] をもちだしても、これらの関係の具体的な姿は見えてこないであろう。

　いずれにせよ、何らかの原因で対等の関係が構築されていないのであり、次には、このような関係は構築されていくものであるとい視点にたって、指導・助言行為における主体と客体の関係をとらえると思われる概念について検討することにしたい。すなわち、これは指導・助言行為をめぐる相互関係としての「双方向性」の再検討・再定義の試みでもある。

1　イギリスのパートナーシップについては、太田直子『イギリス教育行政制度成立史－パートナーシップ原理の誕生』東京大学出版会、1992 年参照。

第6章　学校教育行政論

5　指導・助言行為の根源的意味－相互主体的関係とコミュニケーション的行為－

　指導・助言行為を基軸にした行政主体相互、行政主体と教育主体、教育主体相互のそれぞれの関係では、ハーバーマスのいう「語りかつ行為する主体」、すなわち言語能力と行為能力をそなえた主体としての人間がその担い手である以上、意思交流が行われていると観念することができる。それゆえに、教育委員会と学校や教師の「相互的意思交流」の確立に、指導主事による指導・助言行為の役割機能を求める考え方は[1]、このことをふまえた実践的提言とみなされる。

　しかし、主体と客体が相互の意思交流において「双方向的」であるためには、主体が指導する主体として、また客体が指導を受ける主体として相互的でなければならない。このような関係を規定する「相互主体性」なる概念は、今日では、ハーバーマスらによって生活世界における実践の問題の中で考察されているが、教育の領域では、学習論とりわけ成人学習論における指導の問題との関連で論じられてきた。そして、成人の学習論では[2]、教える主体と学ぶ主体との関係は、学ぶ主体自体が既に主体性を形成している存在であり、両者は同じレベルに立っていて、相互に交流や葛藤、介入などを繰り返しながら、相互理解を志向していくものととらえている。こうした実践は、同調や反発により妥協点を探る「対話」の論理によって裏づけられる。したがって、「双方向的」とは、相互主体的なコミ

---

[1]　堀内孜・村田俊明「わが国の指導行政組織単位に関する研究－その特性からみた改革の展望－」前掲・『教育における指導行政』、p. 175.
[2]　山田正行「成人学習論の対話的構成のために」「成人学習論の構成問題」、社会教育基礎理論研究会編『叢書生涯学習Ⅷ学習・教育の認識論』雄松堂、1991年はこの代表的なものである。以下の論述はこれらの論文に負うところが多い。

171

第6章　学校教育行政論

ュニケーションが可能となることを意味する。

　ハーバーマスは、『コミュニケーション的行為の理論』において、そのような関係性について重要な視点を提起している。すなわち、コミュニケーション的行為とは、「語りかつ行為する主体」としての自己と他者が自己中心的な成果ではなく、相互了解を志向しながら、自己の主観的な見解を克服し、行為合理性のもとに一つの確信を共有しようとする営みにほかならない[1]。彼は、このような相互主体的な行為に「公的なシステム」による「生活世界」の支配からの解放と合意形成にもとづく公共性の構造転換の役割機能を期待する。ここでいう生活世界とは、日常言語を媒介にしたコミュニケーションによって共有される生活と行動の圏域を指し、公共領域や教育、市民生活など広い領域が包摂されうることを意味している[2]。そこでは、人的・物的条件整備や教育内容・方法などのあらゆる教育に関わる諸問題が、教育の行政や制度、慣行など「法」を媒介とする現象として表れるならば、公的システムの形成に関与するものであり、教育と公共性の問題が提起される。

　さて、ハーバーマスにいわせると、先述の行政国家現象は国家の生活世界への法を媒介にした介入を意味し、これは「法制化」という概念で括られる。彼は、法制化の志向を「国家の学校行政に対しては教師と生徒の基本的権利を尊重することにある。」[3]とする。しかし、このような権利が徹底されると、コミュニケーション的行為

---

[1]　ハーバーマスのコミュニケーション的行為の概念については、ユルゲン.ハーバーマス著、藤澤賢一郎他訳『コミュニケーション的行為の理論（上）・（中）・（下）』未来社、1985-1987年参照。

[2]　マイケル.ピュージ著、山本啓訳『ユルゲン・ハーバーマス』岩波書店、1993年、pp. 197-199.

[3]　ハーバーマス・前掲書（下）、p. 375.

172

にもとづき進行する教育過程は法的規制から独立して機能するものであるべきなのに、公権力のコントロールによりその機能障害が生じ、生活世界に属する学校という領域に存在する相互了解志向的な規範や行為のコンテクストは無意味なものとなってしまうという[1]。そこで、学校についてはその外的な構造（学校制度の枠組み）を規制するにとどめる以外は、「了解に方向づけられた行為の構造にふさわしい対立調整の手続－討議に方向づけられた意思形成の過程」が登場してこなければならない[2]、と主張する。これは、福祉国家による学校というコミュニケーション的行為領域への干渉主義的な規制に対して、警鐘を鳴らしたものであるが、わが国の教育行政にも共通する問題性をはらんでいる。しかし、それはシステム論的な批判にとどまり、教育過程の再構築に向けての具体的提言にはなっていない。

　このように、コミュニケーション的行為の理論は、行政国家現象のもとで行政作用の全過程をとらえる視点を提起するが、とりわけ相手方の同意や協力を得ながら行う指導・助言行為の本質の把握にはきわめて有効な枠組みになり得ると思われる。

　まず、指導主事の指導・助言行為に関していえば、教育現場から求められている指導・助言の方法・技術や内容と、実務として行われているそれらは必ずしも一致していない。方法・技術の面では、指導主事には現場の実情に即した視野の広い、また、あまり行政の枠にとらわれすぎない自己の思想・信条に忠実な指導・助言が望まれており、学校の教師の助言や意見、情報を謙虚な態度で受け、その独自性や創造性を励まし生かしてやるなど、指導・助言のあり方

---

[1]　ハーバーマス・前掲書(下)、pp. 375-376.

[2]　同上、p. 378.

第 6 章　学校教育行政論

の改善が求められるという[1]。これは、カウンセリングの考え方にや
や近いと思われる。しかし、同じ教員資格をもち専門職同士の専門
的事項に関する指導・助言という意味を追求するならば、自由で自
律的な相互主体のコミュニケーション的行為において不可欠とされ
る「対等の関係」が必要と思われる。

　これに対し、社会教育主事に関しては、どちらかというと専門性
の内容をいかに確立し、指導・助言の専門的技術的側面をいかにと
らえるかという視点から論議がなされてきた[2]。そこでは、指導・助
言行為の対象には学習者一般も含まれるのか、また、社会教育の学
習内容と学習方法の両面に関わるものなのかどうかが問われている。
たしかに、社会教育主事は資格取得の面で専門的要素が認められる
が、既に主体性を形成し知識・経験をもつ相手方に対し言語をもっ
て働きかけ、何らかの意思の変化をもたらすものである以上、学習
の内容と方法そのものにおいて対象者を越えているかどうかを考え
る必要はない。したがって、社会教育主事の指導・助言行為におい
ても、それをコミュニケーション的行為の理論によってとらえる限
り、「対等の関係」をキーワードとすることは必要と思われる。

　以上の検討から、指導・助言過程が成人の相互主体的な学習過程
としての意味をもつことが明らかになったが、これまでの視点は主
体間の「関係性」に着目するものであった。しかし、指導・助言行
為はコミュニケーション的行為による教育活動に関する合意形成を
目指すものであり、その方法・技術と内容が問われなければならな
い。そこで次には、指導・助言行為を合意形成の方法・技術という

1　高野・前掲書、pp. 256-257.
2　これについて考察したものとして、宮坂広作著『社会教育の政治学』明石
書店、1991 年、pp. 137-200.

174

第 6 章　学校教育行政論

視点から追求することにしたい。

　ハーバーマスは、「コミュニケーション的合理性」＝相互了解を志向する行為様式を身につけたそれぞれの主体が対話的な相互行為を通じて合意を形成し、公共性の領域に関わっていくという。このような行為は、「語りかつ行為する主体」間の言語に媒介された相互行為である「発話行為」が一致ないし同意を目指す行為である。

　しかし、この発話行為が相互主体的に承認されるためには、それを受容可能なものにする条件を承知していることが必要である[1]。さらに、相互了解を志向する発話行為は、それが話し手から聞き手に対してなされる場合に、後者から「正当性」「誠実性」「真理」という三つの視点から拒否されうるものでなければならない[2]。これに対し、話し手は「正統な発話行為を遂行する」「真なる言明をなす」「思念、意図、感情、希望等々を誠実に発言する」ことを意図する。そして、聞き手が発話行為の申し出を受容すると同意が達成され、「規範的一致、命題的知識の共有、主観的な正直さへの相互信頼という三つのレベルで相互主観的な共通性をもつのである。」という[3]。しかし、このような話し手と聞き手との対話という相互行為によっても同意が成立せず問題が生じた場合に、さらに相互了解を志向し、コミュニケーション的行為を継続しようとするなら、その意見の不一致を克服するための「討議」が必要となる。

　彼によると、この討議にはさまざまなレベルがあり、これらの間の自由な移動は、支配や強制の要素がなく、発話行為を自由に選択

---

[1]　ハーバーマス理論のこの点については、岩倉正博「法的議論－ハーバーマスにおける議論と合理性」長尾龍一・田中成明編『現代法哲学I法理論』東京大学出版会、1983 年、pp. 145-146.

[2]　ハーバーマス・前掲書（中）、p. 48.

[3]　同上、p. 49.

175

第6章　学校教育行政論

し、遂行する機会が討議の参加者すべてに平等に保障されている「理想的発話状況」において可能である。そのうえで、参加者には対等の関係に立って討議を進めることができるような諸条件を平等に与えることが求められる[1]。しかし、このような状況は、経験的現実の生活世界のシビアな認識によると放棄されざるをえないが、理想的なものとして措定されている以上、目指すべき実践的課題として掲げられるべき価値がある。

　以上のような一連の相互了解志向の過程は、指導・助言行為の本質を明らかにするうえで、看過できない重要な意味をもっている。

　すなわち、指導・助言行為は「双方向的」なものでなくては、やがて機能障害をおこし、教育活動の充実と発展を保障する条件整備という本来的役割を果たすことができなくなる。教育活動には「現場」を必要とするが、ここにおいて自らの教育意思にしたがい教育活動を展開するうえで必要なものとして指導・助言行為を求め、これに行政が適切に対応していく過程においては、相互にフィードバックを繰り返しながら結合していくという協同関係が成立しうる。指導主事や社会教育主事は、これを媒介する機能を果たすことができる。こうした指導・助言行為の過程は、相互に批判や反省にもとづいて自らの改善や向上を目指すことができるという意味では、学習過程そのものであり、この過程が事務活動さらには行政主体相互の関係にも見出すことができるなら、行政体質の転換をも促す契機となっていく。

　このように、指導・助言行為は合意形成の方法・技術に多くの課

1　ハーバーマスの提起する討議の諸条件について整理したものとして、岩倉・前掲論文、pp. 159-160.

176

第6章　学校教育行政論

題を折り込むことになった。そこで次には、双方向性をもつ指導・助言行為は合意形成とその内容の選択・決定を通じて、教育の公共性というものをどのように規定する役割を果し得るかについて、論及したい。

6　指導・助言行為による合意形成と公共性

　ハーバーマスのいうコミュニケーション的行為の一連の形式は、指導・助言行為の方法・技術の問題であるが、その目指す目標は合意形成であり、その内容が問われることになる。いいかえると、指導・助言行為は、その方法論と内容論の接合により全体構造が明らかになり、本質についての追究も可能となる。

　一般に、合意形成が求められるのは、価値や利害関心などの差異にもとづく対立状態が存在しているという事実を前にしているからである。これまで、合意形成の問題は合意と真理の関係を問うものであった。ハーバーマスの理論は、仮設的な合意の成立に真理の創造を認めるものであるが、その非現実性は明らかである。しかし、現実の合意は必ずしも真理を意味せず、また真理が超越的なものであることを承認すると、「合意の限界についての合意」という考え方に到達する[1]。こうした視点によると、合意形成は、真理へと到達するための過程、すなわち妥協の所産としてその意義を認められることになる。

　ところで、教育行政における指導・助言行為の内容は、法規定をみてもわかるように、教育に関する専門的事項を指している。これは、先述したように教育内容・方法など教育の内容面を指しており、

---

[1]　井上達夫「合意を疑う」合意形成研究会『カオスの時代の合意学』創文社、1994年、pp. 52-61.

177

権力的決定や法的拘束になじまない領域と考えられている。しかし現実には、学校教育活動の内容面の規制に関して対立状態が引き起こされている反面、「教育慣習法」的に内容を形成する機能も営まれている。

このような中で、指導・助言内容とされるべき教育専門的事項としては、学校教育の分野では教育課程、教科に関する専門的知識・教授技術、生活指導、学校経営などがあげられるのに比し、社会教育の分野では学習課題・内容に関する知識や学習プログラム編成方法、教授法などの学習活動援助の方法などがあげられる。指導・助言過程では、これらに関して質問や応答、批判や反論、説明や解釈、拒否や説得などの形式をとる討議が行われ、それぞれの事項について合意が形成されていく。もちろん、この合意は「真理」へ到達するための過程にあるが、これなしには指導・助言行為は無意味なものとなる。このように、何について合意形成を図るかという問題は、教育行政における指導・助言行為の目標としての内容に関する領域とレベルをどのように画するかという問題であることがわかる。

これと同時に、合意形成の過程は教育における公共性の問題を提起している。教育の公共性は、教育が国民的規模において社会的再生産を担っていることから帰結されるが、非権力的な指導・助言行為といえども公権力による教育過程への介入であり、コミュニケーション的行為の理論でいう社会的行為である以上、この教育過程においても問われなければならない。指導・助言行為によって実践的に規定され選択される内容は、あらゆる面で公共的要素が認められるからである。

このような視点は、公共性の構造を問いなおし、公共性そのものが形成・構築されるべきものととらえることを可能にする。この場

第 6 章　学校教育行政論

合に、ハーバーマスが『公共性の構造転換』において、福祉国家段階の公共性の構造について批判的に検討した成果をふまえることは重要である。たとえば、合意形成と公共性を媒介する指導・助言行為の主体相互の関係をみる限り、これが、彼のいうような[1]、専門家集団の閉じられがちな内部的コミュニケーションに終止してしまうのではないかという危惧が生じるが、しかし、公共性の概念が「公開性」を重要な構成要素とし、また生活世界へとコミュニケーションを開いていくことを意図している以上、指導・助言行為は公開の討議における批判や検討にさらされるべきことが導かれる。

7　むすびにかえて

　ハーバーマスによると、組織・機関の相互間や閉じられがちな専門家集団の相互間の合意形成の帰結は「擬制的公共性」であり、そこでも相互批判は成り立つが、対生活世界との関連では「制度的に権威づけられた」「どこまでも特権的な」意見として大衆に示される[2]。このような状況は、指導・助言行為によって教育行政と教育現場の間に形成される合意にもあてはまる。それは内部的な決定であり、外の世界とのコミュニケーションにもとづくものではない。しかし、彼が提起するように「擬制的公共性」と生活世界との乖離を埋めるべく、「批判的公共性」あるいは「批判的公開性」という視点から[3]、組織・機関の相互関係はまだしも、専門家集団同士のコミュニケーションを公開の討議へと開くことは、指導・助言行政の過程に関し

---

[1]　ハーバーマス・前掲書（下）、p. 324.

[2]　ハーバーマス著、細谷貞雄訳『公共性の構造転換』未来社、1973 年、pp. 332-333.

[3]　同上、p. 335.

第6章　学校教育行政論

ていうならばきわめて大きな問題を提起する。

　この場合、教職の専門性と親の学校参加の問題や社会教育職員の専門性と地域住民の教育参加の問題などが考えられる。行政の意思決定・実現過程を可能な限り公開しようとするのが今日の潮流であり、行政の民主的コントロールにとっても望ましいことである。しかし、それが教職員の専門性と関わる部分に直面すると、公開の討議へと開くことの妥当性について検討が必要となってくる。また、指導・助言行為の結果として外部に表れた教育活動については公開の討議過程に導くことは可能であるが、主体同士の相互行為そのものを公開し、討議の対象とすることは具体的場面を想定しにくいだけでなく、仮に実現したとしても主体相互のコミュニケーション的行為を阻害するのではないかという問題が生じる。

　ハーバーマスが文化的貧困の原因を、「専門家文化」が日常生活者の生活世界から分断されていることに求め、その文化を理性的、批判的に生活世界に開き、討議過程に組み入れることを提言したのは、教育の公共性に関していえば、その主体形成の視点を提示したものと読み替えることができる。このような主体形成の問題を指導・助言行為の本質把握の志向と交錯させる地点に、教職の専門性の尊重と相互了解志向的行為の条件を前提とする公開討議の可能性が探られるべきこととなる。小論では、それを権利論の視点から「教育人権」を保障するために、指導・助言行為がどのように公開討議に付されるべきかを検討課題として提起しておきたい。

第7章　大学教育行政論

第1節　大学教員のキャリア形成―大学教員としてのプロローグ
とエピローグ―

　国家公務員、地方公務員を問わず、定年退職後に、あるいはそれ
またないで大学教員の職に就くことは、今ではめずらしいことでは
なくなった。人にもよるが、専門分野の研究業績が認められて就任
する場合が多いと思われるが、さまざまな分野で実務家教員が増え
ているように、大学での研究とそれにもとづく教育の内容と実務が
近くなっている分野も多くなっている現実がある。地方公務員定年
退職まで1年を残して、大学教員に転身した自分は、幼稚園教諭と
保育士を養成する私立の短期大学で、教育学、もっと具体的には教
育原理と教育制度を教えることになったのであるが、幼稚園や小中
高の教員経験者とは異なり実務家教員としてではなく、ある程度研
究業績を認めていただいたものと思う。その裏には、公務員であり
ながら自分の研究努力を評価してくださった方の配慮があった。こ
のことには感謝しなければならない。こうして、異次元の世界で第
2の人生をスタートすることになった。第1の人生が不本意であっ
ただけに、研究生活に大きな希望を抱いていた。

　公務員在職中に非常勤講師として、すでに大学生を対象にした講
義は経験していたが、18歳から20歳くらいまでの女子学生（途中
から男子学生も入学するようになった）を相手にするのは、4大生
と同じ側面もたしかにあるが、多くの場合に違いが大きかった。ま

181

第 7 章　大学教育行政論

た、学生指導も高校生よりまだ年齢の下の児童生徒に対して行っているような雰囲気を感じた。そのような環境であっても、短大という大学に準ずる学校種であるだけに、教員の研究室は助手であっても個室が用意されていた。自分が見た 4 年制大学ほどの設備が整ったものではないが、1 人で部屋に閉じこもって研究に没頭することは可能であった。毎年、研究紀要も発行され、書けば載せてもらえるので、形のうえでは研究業績を積み重ねることができた。退職した今は、論文を学術誌に掲載してもらうには厳しい査読を経なければならないが、これに比べるとはるかに容易であった。それだけに、どうしても研究が安易なものになりがちである。この短大では、研究費も教員全員に平等に配分され、学長から職員会議のさいには研究が奨励され、研究紀要に投稿するよう働きかけがなされた。しかし、保育士不足の今日、就職に直結する短大であるだけに、とくに教育重視で児童生徒を指導するような教育力が評価される傾向にあった。自分は、この面の経験者ではないため、そのような教育力を発揮するには研究を犠牲にするほどの努力が必要である。大学は研究だけでなく、教育も大切にされるような時代になったが、それほどまでに教育重視であれば、研究者としての短大教員の意味がないと考えることが多かった。

　どうしても研究にこだわるのであれば、他に機会を求めるべきであると忠告されそうである。そういわれても、自分は 59 歳で短大教員になったので、すぐに 60 歳である。可能性がまったくないわけではないが、どこも採用してくれるところはないと高をくくっていたところ、61 歳のときにチャンスが 1 度訪れた。ある地方国立大で教員公募があり、応募したところ採用内定通知が送られてきて驚いた。迷うものの決断するには期限の猶予がなく、けっきょく断念したが、

182

第 7 章　大学教育行政論

今となっては大変後悔している。研究を志す者にとって一生に一度のチャンスを逃してしまったのである。当時は、第三者評価の ALO の補佐をしており、次年度がはじめて受ける評価の年度であった。それを放棄することは、無責任と感じた。また、研究者の道へと導いてくださった恩人の顔に泥をぬることにもなる。それ以来、せめてもより質の高い研究をと進んでいったつもりであるが、研究の成果はあまりあがらなかったと思う。年齢のせい、能力や努力の不足、学界での短大研究者の地位が低いことによる競争的刺激のなさなど、いろいろ考えられるが、知っている研究者たちとは比べものにならないくらい発信力が弱かった。そうしているうちに、後で述べるような大学運営上の問題が多く、意思決定が大学当局の思い通りになされていると感じるようになったので、8 年間という研究者としての短い生活に終わりを告げることになった。

第2節　大学教育行政による統制

　わが国の大学に関わる教育行政は、国であれ、自治体であれ、大学に対して直接的な統制となっている。高等学校以下の学校であれば、教育委員会が中に入り、しかも地方分権の考え方が尊重されるようになってきているので、前章で述べたような中央教育行政の意思が教育現場に伝えられるシステムは少し緩和される余地があるものの、大学においてはそれがない。従来であれば、大学の自治が盾となり抵抗もできたが、今はそのような「抵抗勢力」も牙を抜かれつつある。大学に対する運営費交付金の削減と利益誘導的な補助金の傾斜配分や大学運営への介入などが、大学の自治の破壊につながっている。

183

第 7 章　大学教育行政論

　財政面からの統制は、少子化にともない学生確保に苦しむ大学に
とっては大きな痛手である。少しでも多くの運営資金を獲得するた
めに、大学教育政策に身をゆだねることになる。第 4 節でくわしく
述べるように、たとえば、大学の教員評価は大学の任意であるが、
この制度を取り入れると評価の点数が上がり、交付金が増えるとな
れば、強行的に導入することがはじまる。また、自治体による管内
の私立大学への経常的な補助金も事業費的な補助金へと転換し、競
争的なものになっていく。しかも、その競争は自治体の施策に直接
貢献できる事業を行わなければ乗り越えられないように仕組まれて
いく。そのために、教員は教育研究のほかにこれらに取り組まざる
をえないので、多忙をきわめている。しかしまた、これらに積極的
に貢献すると、大学当局から評価されることになる。人間の心理を
たくみに利用したものであろう。

　このような財政的統制に加えて、大学のガバナンス改革による統
制がある。改革といえば聞こえがよいが、大学の自治の破壊である。
学校教育法の大学教授会規定の改定が、それを促したといえる。最
近の大学問題に関心をもつ人びとにとっては憂慮すべき事態である
が、まったく無関心な教員も多数いることに驚かざるをえない。こ
れを大学の学長が運営すべてにわたって何でも気のおもむくままに
決定できると解釈する大学人もいるが、この解釈についてはその誤
りについて学問的に検証されるべきである。そのような動きに呼応
するがごとく、文科省の施行通知以来、大学の実態に合わせて人事
や機構に関する規程を変え、まるで官僚機構と同じ仕組みにするか
のようなふるまいが目立つようになった。教授会にしても、根拠が
明示されないまま、事務組織の序列を重視して人選されたかのよう
なメンバーで構成されるなど、本末転倒と思われるような運営がな

184

第7章　大学教育行政論

されても、声をあげられるような組織ではないと感じられた。事務
組織の役職は、学校教育法の大学教員に関する規定とは関係なく、
長の専断で決められるので、官僚制の世界が容易につくりだされる。
そして、専任教員わずか10名強の閉ざされた世界であるから、勢力
圏はかんたんにつくられる。また、どこの大学にもあるような学閥
が形成されていた。このような大学組織の実態と今後のあり方につ
いては、学問的にも検討されるべきものと思う。その大学の古い体
質もあるが、いくら大学改革を叫ぼうとも、総じて、つねに大学を
統制しようとする国家の教育行政は、大学の守旧性を残したまま官
僚主義化を招く遠因でもあると思っている。

　以上のように、大学教育行政は、大学に対する統制を強化しよう
としており、次節以降の問題もこのような流れの中でとらえること
ができる。

第3節　大学評価におけるアポリア

1　問題意識

　2008年の中教審答申「学士課程教育の構築に向けて」（いわゆる
「学士課程答申」）では、高等教育における学習成果の測定（アセス
メント）と、それにもとづく教育の質保証が課題であることを提言
している。これが、大学の認証評価にも受け継がれ、重要な評価対
象とされている。このため、わが国の認証評価機関である大学評価・
学位授与機構、大学基準協会、短期大学基準協会のそれぞれの評価
基準にも、学習成果の測定方法が確立され、測定が実施されている
ことがあげられている。

　この背景になっていると考えられるのが、わが国の大学教育の質

185

第 7 章　大学教育行政論

の低下への懸念である。つまり、教育の質保証のために、学生の学習成果を測定し、それが目標とした水準に到達しているかどうかを判定して、大学の教育機能の充実に役立てようとするものである。

　しかし、学習成果の測定の方法については、信頼性や妥当性を充足するような方法が確立されていないのが現状である。このため、被評価者が自己開発しながら対応せざるをえないが、それが過大な負担となっている。加えて、教育の質は可能な限り、定量的な数値によって裏づけられることが求められている。つまり、大学は教育の質を保証しているかどうかを、自ら数字で示し公開しなければならない。したがって、被評価者は、強いられた自己開発ではあるが、自発性を発揮して独自の測定方法を確立することを迫られているといってよい。

　以上のような構図のもとでは、必ずしも信頼性や妥当性を充足しなくても学習成果の測定方法の独自開発に取り組みさえすればよいのか、学習成果を測定しそれを証拠に教育の質保証をはからなければならないという要請に対応すべきかのジレンマにおちいる。そこには、測定方法の自己開発という自己の枠組みの主観性と、測定の結果としての数量にもとづく教育の質保証の客観性との相剋が存在する。そこで、とくに短期大学という被評価者の立場から、そのような相剋の構造を分析し、被評価者がジレンマにおちいる背景や原因にメスを入れ、そのジレンマを克服するために必要な課題を提起することを目的に、「高等教育における学習成果の測定方法の自己開発と教育の質保証の相剋―測定方法の開発にかかわる被評価者のジレンマ―」としてまとめた小論の内容を述べる。

2　学習成果の概念と背景

186

第 7 章　大学教育行政論

　学習成果とは、学士課程答申によれば、学習者が獲得すべき知識
やスキル、態度などであり、それは一定期間内で達成可能な学習者
にとって意味ある内容で、かつ測定や評価が可能なものである。
OECD の調査研究においても、高等教育における学習成果は、学習
の結果としてもたらされる個人の変化や利益を意味し、この変化や
利益は能力または達成度という形で測定することができるとされて
いる。すなわち、学習の成果とは、何らかの取り組みを通じて最終
的に身につき、観察、証明、測定することが可能なものである。

　このような学習成果は、各大学の学位授与方針にそって学生の学
習到達度を把握・測定し、卒業認定を行うシステムのもとで生きた
ものとなるという意味で、概念化されるようになった。しかし、大
学教育の効果は、このような学習成果に集約されない側面が多分に
ある。大学教育においても、教育効果は入学から卒業までのプロセ
スの全体において評価されるべきであるという考え方が、承認され
ているからである。また、個別具体的な学習成果が目的・目標に対
応したものなのか、あるいはそれが個々の学生の個人的努力による
結果なのか判別しにくいことなどが懸念されている[1]。

　これまでも、学習成果を測定すべきであるという考え方は、成果
を重視する教育システムの帰結ではないかと指摘されてきた。これ
がいわゆる「成果主義」の考え方と同一であれば、わが国において
は成果主義が一定の経験をへて否定されつつあることを認識しなけ
ればならないが、そのように断定できないとしても、何らかの効率
や競争を前提にしているようにみえる。これを、今日の教育界をも

---

[1]　早田幸政「単位制度の実質化と学生の学習成果」早田幸政・諸星裕・青野
透編著『高等教育入門―大学教育のこれから―』ミネルヴァ書房、2010 年、
p. 95.

187

第 7 章　大学教育行政論

席巻している新自由主義的な自由競争と市場化の政策のあらわれとして位置づけると、序列化や淘汰の問題につきあたる。この問題の背景には、今日語られるような大学についてのさまざまな危機がある。このような危機を乗り越えるために、大学設置の「事前規制」から「事後チェック」への政策転換が行われた。これが認証評価制度の導入へと結びつき、さらに学習成果の測定という課題を提起して、成果を重視する方向を明確にするようになったと分析できる。

3　測定方法の開発の現状と課題

　学習成果の測定の方法については、諸外国やわが国における研究の試みにかかわらず、世界標準あるいは社会的通用性の視点から見ても確立されたものがない。各国の高等教育の内容やレベルなどのさまざまな違いのために、これまで統一的な方法が開発され活用されてこなかった。たとえ、開発されていたとしても、何らかの形でそれにアプローチし公開しない限りは広まりがみられない。2012 年 7 月に開催された大学評価・学位授与機構主催の大学評価フォーラム「『学び』からみる高等教育の未来」においても、イリノイ大学のステーシー・プロベジス研究員によって、アメリカの大学においては、予想以上に多くの大学で学習成果の測定方法を確立していることが明らかにされている。しかし、この公開シンポジウムでは、本発表で取り上げているような、学習成果の測定の結果を数値化する具体的で実際的な方法の紹介は行われなかった。とすれば、これらの調査研究にもとづく積極的かつ広範な公開が、国境を越えて展開されることが望まれる。

　このような中で、OECD の調査研究は、英語圏の諸国を中心にしたものであるが、学習成果の測定方法として、外部機関によって開

188

第7章　大学教育行政論

発・測定されている、課程や機関別に比較可能な大規模な標準テストのみを対象とした検討を行っている[1]。しかし、これは標準テストであるから、測定方法のほんの一部にすぎない。このような標準テストについては、反対論が根強く存在する。アメリカの例では、標準テストで測定したデータは大学のカリキュラムにもとづく学習の成果とは無関係であって意味をなさず、また高等教育には多様性と卓越性を実現する使命と責任があり、標準化された測定方法ではこれらをとらえることができないと論じられている[2]。にもかかわらず、学習成果を標準テストで測定するアメリカの動向は、国外に及んでいるという。つまり、標準テストによる測定は、悪質な高等教育機関の排除と、EU 圏の成立にともなう多様な高等教育機関の学位レベルにおける統一性の実現に有効活用されうるという認識のもとに、とりわけ OECD 諸国では高等教育の質保証の手段の一つに位置づくことになる。このような事態のなかで、標準テストの問題点は見過ごされていくことが懸念されている[3]。

　たしかに、標準テストは統一的基準での高等教育機関の比較が可能となり、その序列も明らかとなり、上昇志向が競争を促し、一面では高等教育の活性化をもたらすであろう。しかし、このようなテストのみによっては、学習成果とされる学習者が獲得すべき知識やスキル、態度などのすべてを測定するには不十分であるとされる。

---

[1]　デボラ・ニッシュ（深掘聰子訳）「高等教育における学習成果アセスメント―特筆すべき事例の比較研究―」OECD 教育関連ワーキングペーパー№15、国立教育政策研究所、2008 年。

[2]　吉田文「大学生の学習成果の測定をめぐるアメリカの動向」山田礼子編『大学教育を科学する―学生の教育評価の国際比較』東信堂、2009 年、pp. 256-259.

[3]　吉田・前掲、p. 260.

189

第 7 章　大学教育行政論

たとえ、大学教育の成果を測定する PISA 大学版のような方法が実施されたとしても、「大学生の能力と、大学教育を通じて形成された能力とは違う」ので、アウトカムは大学がインパクトを及ぼしうる能力を扱う必要がある[1]。多様な高等教育機関の目的に応じて育成されるべき資質や能力の中身は、多くの要素が複雑にからみあって構成されており、これを一つのツールで測定することは不可能であろう。

　実際にも、授業科目試験や資格試験・国家試験・その他の外部試験の成績、専門職業のために認定された成績、授業科目の課題の提出物、ポートフォリオ、就職状況、知識や技能の獲得に関する自己評価や満足度など、多様な直接的、間接的なツールが用いられている。それらは、多くの場合、単独でというよりは複数で用いられている。

　これらのツールは、わが国においても、学習成果の測定指標としても位置づけられている。ちなみに、第 1 サイクルの国立大学法人評価における評価結果報告書を分析検討した研究では、実際に多様な測定指標がツールとして用いられていることを示している[2]。これまでの研究において取り上げられている測定指標を、すべてそのまま測定のツールに位置づけることはできないかもしれないが、いずれにしても現在用いられているツールはじつに多様である。また、アメリカにおいては、アセスメントはさまざまな機会や場所で実践

---

[1]　小方直幸「学生のエンゲージメントと大学教育のアウトカム」塚原修一編『高等教育』リーディングス日本の教育と社会第 12 巻、日本図書センター、2009 年、p. 153.

[2]　渋井進・金性希・林隆之・井田正明「学習成果に係る標準指標の設定に向けた検討：国立大学法人評価における評価結果報告書の分析から」独立行政法人大学評価・学位授与機構『大学評価・学位研究』第 13 号、2012 年。

第 7 章　大学教育行政論

されており、その意味を明らかにし、分類することにより、多様性
と選択や開発の重要性を提起する研究業績も存在する[1]。

　このような意味からも、学習成果の測定方法はまさに多様であり、
自己開発や研究開発でえられた方法を含めると、広範囲にわたるも
のといえる。

　このようななかで、研究開発の成果の多くは公開されており、評
価指標（ルーブリック）の開発や学習者の主体的側面を重視したポ
ートフォリオ評価の方法に関わる研究などが注目をあびている。こ
れらの方法については、高等教育論としてさらに研究を蓄積し、そ
の適用や活用が妥当性・信頼性を充足するかどうかを検討すること
が今後の課題になるだろう。しかし、測定方法があまりにも複雑で、
測定に手数がかかりすぎるのでは、認証評価が評価のための評価に
なってしまうので、被評価者の立場ではできる限り単純明快な測定
方法であることが期待される。

4　自己開発と質保証の対立の構造

　認証評価制度という外部からの介入がない場合は、自己開発はま
ったく自主的なものである。しかし、評価を受けることが義務化さ
れ、かつ評価結果が国庫補助金評定につながるこの制度のもとでは、
自己開発に対し強制力が働く。

　そもそも認証評価制度の導入をめぐっては、羽田[2]によると、当初
から「自発と義務のジレンマ」があった。大学には学問の自由が保

---

[1]　山田礼子「アセスメントの理論と実践」山田礼子編『大学教育を科学する
―学生の教育評価の国際比較』東信堂、2009 年など。
[2]　羽田貴史「日本における評価制度の現実」羽田貴史・米澤彰純・杉本和弘
編著『高等教育質保証の国際比較』東信堂、2009 年、pp. 64-66.

191

第7章　大学教育行政論

障されることから、教育研究が大学の自律的な運営を前提とし、評価にもとづいて改善することも大学の自律的な行為であることが、認証評価についての大学の反発を回避するために強調された。しかし、大学教育が公教育の一部であり、大学を公的にオーソライズするしくみとして事後チェックの体制をとるならば、それは当然に義務的なものになる。結局は、義務をともなう制度となったが、自律か統制かという二項対立の枠組みの思考は根強く存続することになった。

　このような思考は、制度を考える場合の枠組みにとどまらず、制度を機能させる場合にも延長するといえるのではないか。学習成果の測定方法の開発は、その機能の一つとして求められているが、自己開発に位置づけられているため、大学の自律的行為にあたるのに対し、それが教育の質保証の客観的な証拠として示されなければならないので、自律か統制かの二項対立的な思考枠組みにとらわれることになる。このような状態は、「自発と義務のジレンマ」をあらわしているといってもよい。

　元来、この自発と義務は、相互に矛盾し対立する概念である。ところが、各大学の独自開発によって学習成果の測定方法が確立されているかどうかを制度として評価するのであるから、この評価制度は二律背反におちいる。この二律背反をかかえたまま制度運営を行うところに、認証評価制度の特徴があり、さまざまな問題が生じてくる源泉がある。次には、これらの問題を明らかにし、解決の方向性を提起したい。

　まず、はじめに学習成果の測定結果の数量化に示されるような、評価制度の全体的性格の問題性をあげたい。数量化は、業績評価や格づけに結びつきやすいといわれる。とくに、これが教育の質概念

192

第 7 章　大学教育行政論

が多義的で論争的な段階で、資源配分と連動させられると、資源配分に可能なように過度に行われるなど評価の方法を限定し、大学の活動が一面的に把握され、データの欺瞞を生みやすくなると同時に、資源配分に活用するほどに制度が高まっていない段階では、評価そのものが警戒され忌避され、信頼性を確保できないといわれる[1]。このような懸念もかかわらず、基本的に学習成果を数量化する測定の方法は、制度的枠組みのなかで求められているため、数量化の方法・技術への圧力が強力に働く。二律背反のままに、測定方法の自己開発を迫るのである。

　このような圧力をまえに、被評価者は、認証評価が客観的な証拠をもって示す教育の質保証とは機能的に対立しないように、自己開発に取り組むことにならざるをえない。しかし、最終的な到達点は、質保証が定量的な数値をもとに判断でき、しかも、世界標準あるいは社会的通用性の視点から信頼性・妥当性を獲得できる測定方法の自己確立である。そこでは、被評価者は、つねに自己の位置づけと序列化の必然性にさらされながら、開発にいそしむこととなる。

　このような状況のもとで、一方においては、求められる測定方法の自己開発に困難がともなうため、開発側の論理として、認証評価を乗り切ろうとするあまり小手先の技術論を駆使し、あるいはその場しのぎの開発の論理におちいるおそれがある。とくに小規模な大学や短大の場合は、人的・物的余裕がなく、過大な負担をまえにして極度に自己利益志向的になり、自発と義務のジレンマを二者択一的に自発の選択よって乗り切ろうとする論理が働く事態さえ考えられないわけではない。

[1]　羽田貴史「質保証に関する状況と課題」羽田貴史・米澤彰純・杉本和弘編著『高等教育質保証の国際比較』東信堂、2009 年、p. 7.

193

第7章　大学教育行政論

　たとえば、これまでの認証評価では、評価書の作成において評価者の情報伝達の判断やコミュニケーションをゆがめるような、大学側にとって悪い内容を書かず、自信がある内容をことさらに強調するなどという対応が推測されている[1]。どのような情報をどの程度出すのかの適切性の問題でもあるが、利己的な行動の一例であろう。しかし、このような行動はまだしも、大学によって評価を受ける年度が異なるため、すでに評価を受けた大学の取り組みの先行研究の結果として、他の大学で行っている測定方法をそのまま取り入れて評価を受けることは、自己開発の論理の帰結としてはきわめて貧弱であろう。

　以上のような事例をみるだけで、皮肉にも、測定方法の自己開発と教育の質保証の相剋において、開発にかかわる被評価者の自発性の発揮と質保証への対応責任というジレンマは、否定的・消極的な意味で解消されることになる。

　なお、被評価者のジレンマは、自己開発した測定方法が評価機関、その命を受けた評価員によっていかに評価されるかによって増幅されるかもしれない。先述のように、学習成果の測定方法がいまだ確立されていない段階で評価機関の評価が権威をもつことは、開発能力の乏しい被評価者ほど自らの立場を否定的に反省してしまうからである。このような視点に立つならば、次章で提起するような測定方法の開発の公的責任を追求することが、意義あるものと考えられる。

　大学教育の質保証のために学生の学習成果を測定することが重要であり、各大学が信頼性・妥当性を充足できる測定方法を確立しよ

1　渋井他・前掲、p. 16.

194

うと、競っているのが認証評価制度である。このような制度は、各国の改革で共通の影響力をもっているものであり、「政府と大学との関係における擬似市場化、そして外形的基準による一元的尺度による大学評価の二つを組み合わせた、『評価主義』を軸とした大学改革である。」このような評価主義は、現代の高等教育の現況をふまえた必然的な選択であるが、しかしその論理的構造の徹底で終わってしまうのでは、大学の長期的な発展を見失うことになる。この評価主義は過渡的なものにすぎず、市場化のなかにあっても、「知的生産・伝達の自己展開性、自律性、そして大学の多様性を確保する方法が探究されることになろう。」[1] このように考えると、学習成果の測定方法の開発という難題も、成果主義的な教育を反映した過渡的なものととらえられるし、大学の長期的な展望に立つことができるならば、ほかに取り組むべき多数の重要な課題も明らかになるかもしれない。

5　測定方法の開発の公的責任

　学習成果の測定方法の開発は、自己点検・評価のための自己開発でありながら、大学への公的統制の枠組みのなかにある。世界的な共通課題と認識されるほどのワークを強いられるのだから、被評価者にとっては過大な負担である。

　もちろん、自己開発を教育研究の活性化に役立てようとする大学もあると推定できる。財政力の豊かな大学ほど、機構上、認証評価に向けた専門の部門を設けて対応することができる。実際上も、国

---

[1]　金子元久「評価主義の陥穽―高等教育における擬似市場化と大学評価をめぐって―」藤田英典他編『大学改革』教育学年報9、世織書房、2002年、pp. 92–93.

195

第 7 章　大学教育行政論

公立や大規模な私立の大学では多くの場合、「評価センター」「高等教育開発センター」（いずれも仮称）などで対応している。しかも、このような部門と密接に連携できる部門の充実も図っている。

　しかし、そのような状況にない大学、とくに短期大学では、日常的な教育研究活動に加え、大学運営上のいくつもの役割を分担しながら開発業務に従事しているのが現実である。このため、自己開発にも自ずと限界がある。にもかかわらず、自己開発の質と能力が問われ、国が認証した評価機関によって評価されるのであるから、自己開発方式は短期大学の多くにとって、加重な負担と認証をえることへの強い圧力となる。

　このような状況をふまえると、本研究においては、次のような課題を提起したい。

　すなわち、認証評価が政策として導入されたことを考えると、学習成果の測定方法の研究開発は公的責任というべきであろう。たしかに、大学評価は大学改革として自己評価を基礎に質の向上のために導入されたが、それが機能せずに外部的な力の利用や客観性の保証を模索しているうちに、NPM の概念と結びつき、成果主義、説明責任などの要素が盛り込まれてきたといわれる[1]。このことが、高等教育政策として学習成果の測定へとつながっているのだから、その政策的意図は明らかである。そして、この意図にしたがって各大学が行動するならば、政策目的は達成される。

　しかし、このような政策が一方的なものであり、高等教育の将来を憂慮させると考えるような立場からは、異なる判断と提言が生ま

---

[1]　齊藤貴浩（2010）「高等教育の評価」早田幸政・諸星裕・青野透編著『高等教育入門—大学教育のこれから—』ミネルヴァ書房、2010 年、p. 193.

196

第7章　大学教育行政論

れてくるだろう。すなわち、公的責任として国や認証機関が測定方法の標準を示し、これに依拠するか、あるいは標準以上の方法を自己開発するかのいずれかの選択方式を採用すべきである。これによって、負担の軽減がはかられるだけでなく、標準に満足のできない大学の開発の力量をより高めることができると考えられる。

なお、標準的な測定方法の開発については、たとえば国の付属の研究機関である国立教育政策研究所での研究開発が考えられる。認証機関も研究機能を備えているのだから、その専門性にもとづいて開発することは不可能ではないだろう。さらには、競争的研究資金のように、大学等を対象に公募する方式も提案できる。

これらの方式のいずれでも、自己点検・評価活動をふまえた認証評価の趣旨に反するものではないと考えられる。なぜならば、自己点検・評価活動自体が法的に義務づけられたものであり、またその活動も認証評価の評価基準に照らし合わせて行われ、大学運営や教育研究活動もそれにそって軌道修正される力学が働くからである。

第4節　大学教員評価と大学のガバナンス

1　問題意識

現在、小中学校・高校の教員に対して行われている教員評価は、政治的な教員統制としての性格をもつ勤務評定制度が前進である。このような制度は、長い間、形式的なものであったといわれるが、最近では教育改革が進められるなかで、成果主義にもとづく教員管理が強化されるにともない、評定結果を給与や昇格などの待遇の差別化に結びつけるようになった。この意味では、新しい教員評価ともいえる。

197

第 7 章　大学教育行政論

　これに対して、大学の教員に対する評価は、ほとんど行われてこ
なかった。しかしまた、一時的な政権交代があったものの、戦後 70
年近くにも及ぶ保守政権のもとにおける政府主導の教育改革のなか
で、最近では急速に大学教員評価も促されている。そのきっかけと
なったのが、国立大学の独立行政法人化である。これに続く国立大
学の認証評価において、教員評価が評価基準になったため、現在の
教員評価が行われるようになった。教員評価自体は法的な義務では
ないが、公立大学、私立大学がその後を追っている。

　このような大学教員評価は、制度としてなぜ導入されるようにな
ったのか。これまで、表向きには、教員の資質能力の向上や大学組
織の活性化が語られてきたが、その裏には、少子化にともなう大学
間の学生獲得競争への教員の動員や、大学財政の窮乏化を乗り越え
るための人件費の削減への差別的処遇、大学の淘汰を視野に入れた
大学の市場化などをめざす事情があるとも指摘されることが多い。

　以上のような導入のねらいを見ぬき、これに抵抗を示す大学関係
者および賛同する市民や国民が存在した。それらの動向についての
調査・研究はあまり見あたらず、探ることも興味のある課題の一つ
になるだろうが、これ以上追求しない。

　ところが、今日の教育政策として、グローバル人材の育成や世界
大学ランキングへのランクイン、見える成果などがめざされ、これ
らがメディアでも盛んに取り上げられているように、わが国の大学
の世界的競争力の増強と活性化をもたらすものであるということが
語られている。この大きな流れのなかに、大学教員の役割が位置づ
けられると、教員評価制度批判は容易に埋没してしまうことになる。
このことに見るように、大学教員評価については、教育政策がどの
ような目標のもとに位置づけているかを見定めるのでなければ、そ

198

の正体を見失ってしまうことになろう。

すでにこの制度を導入している大学が存在する状況において、制度の現状と実態を分析し効果を測ろうとするような実証的な研究から、制度を根本から検討し、それを導く教育政策への批判を行う研究まで、研究のヴァリエーションが見られる。

この中にあって、小論は、大学が憲法上の学問研究の自由と教育の自由が保障され、その帰結として大学の自治が保障されているほかに、教育基本法が教育は不当に支配されてはならないと定めているにもかかわらず、それらが尊重されていないと考えられるようなしくみをもって、大学における研究・教育への国家統制を強化しようとしていることを明らかにしようと試みる。すなわち、大学教員評価が、国立大学法人法の改定や学校教育法の教授会規定の改定を通して、学長権限の強化を図り、学長を通して国家の教育政策の目標達成に向けて、大学教員を研究・教育の面のみならず運営や経営の面においても、大学組織に組み込むように機能することで教員の管理・統制をもくろみ、結果として大学における研究・教育の国家統制が貫徹されることを論証しようとする。

ここで重視する視点は、国家の教育政策はそのときの政権の政治的意図のあらわれであるが、政治的公共性という特徴をもつということである。この政治的公共性とは、もともと市民社会と国家とのせめぎあいにおける公共的な関心事を議論することに意義がある。しかし、大学教員評価については、教育政策として国公立、私立の大学を問わず、大学組織内部で大学のガバナンスの問題として合意形成されるかどうかに、導入の意思決定が係っているとすれば、政治的公共性をふまえて、大学組織内外における開かれた市民的な討

第 7 章　大学教育行政論

議や批判を経る市民的公共性の視点が要請される[1]。

2　大学教員評価制度のねらいと方向

　大学教員評価は、なぜ導入されるようになったのか。この答えは、導入是認論のなかに端的に示されていると思う。それは、大学の活性化や大学教員の資質能力の向上と意識改革などをめざすという理由である。大学教員の専門性という観点から見ると、研究と教育の質向上のための力量を高めることが中心的なねらいということになろう。しかし、大学の活性化や意識改革などという側面では、実証研究で教員個人評価における評価項目として区分される社会貢献や学内管理運営などの大学経営への役割も重視されることになる。だとすれば、導入のねらいは、全体として是認論で強調されているように、大学組織のマネジメントの手段とすることにあるといってもよい。ところが、その裏には、主として次のように 3 つに分類できる大きなねらいが潜んでいると思われる。

　第 1 は、大学の生き残りのために、教員の労働力を最大限に活用しようというねらいである。少子高齢化にともなう 18 歳人口の急減と、高等教育への進学率がすでに 50％を優に超えるユニバーサル・アクセス型の環境のなかで、学生獲得を通じて大学の生き残りをかけて大学間競争に教員を動員しなければならないからである。

　第 2 は、大学財政の再建をねらいとする。経済の低成長時代に入り、国家財政が逼迫し、それが国庫からの大学への交付金・補助金

---

[1]　拙稿「大学教員評価制度と研究・教育の国家統制―教育政策の政治的公共性と大学ガバナンス改革がもたらす桎梏―」『聖園学園短期大学研究紀要』第 46 号、2016 年、pp. 1-18.は、このような視点から先行研究を含めてまとめたものであり、小論のもとになっている。

の減少につながり、教員の任期制の導入や給与等の傾斜配分などの処遇の差別化によって、大学財政の窮地を乗り越えようとしているからである。

そして、第3には、第1、第2のねらいを包括もしているが、競争原理のもとに大学の淘汰をねらいにしている。先進国において経済の低成長時代に直面しながら、持続可能な開発・社会や人類としての生き方・あり方というようなことを追求するよりも、経済効率を重視する競争原理のもとに、成果主義にもとづく業績評価を通じて大学教員を競争させる、大学の市場化をめざしている。今日の「新自由主義」の教育政策を強力に推進することが、大学の淘汰に必要だからである。

この第3のねらいである大学の淘汰という言葉は、少し刺激的であるが、わが国の高等教育政策のねらいをよく言い表している。戦後の大学は福祉国家政策のもとで事前規制をしながら拡大と開放が行われてきたが、国家財政の危機にともない、行財政改革の必要を迫られるようになる。そこで登場したのが、小さな政府をめざす新自由主義の大学改革である。この改革のキーワードは、「規制緩和」と「構造改革」である。このことついて、高等教育研究でとくに名の知られている天野郁夫は次のように説明している。「そこには国家による規制の撤廃ないし緩和が、大学や研究者間の自由な競争を喚起し、硬直化した高等教育政策システムや大学の構造変革を促進し、とりわけ沈滞した経済の活性化に必要な教育・研究・社会貢献の質的改善・向上につながるという、政治や経済など、外の世界から大学に向けられた強い期待が込められている。」[1] しかし、私立大学の

1　天野郁夫「秩序の崩壊と創造─大学改革の構造と課題」藤田英典・黒崎勲・片桐芳雄・佐藤学編『大学改革』教育学年報9、世織書房、2002年、p. 31.

第 7 章　大学教育行政論

　定員割れに見られるように、高等教育の量的拡大の時代が終わりを
告げ、大学の生き残りをかけた激しい競争の時代の到来にともない、
政府による規制は緩和し、大学の経営努力にもとづく自由な競争と
発展に委ねることへの政策転換がはかられることになる。それはす
なわち、市場原理にもとづく競争と、政府以外の第三者による事後
評価に期待することであった[1]。

　そのような規制緩和と事後評価は、まず国立大学の独立行政法人
化と第三者評価の導入として具体化された。その結果、国立大学法
人法は文部科学大臣が中期目標を定めて、国立大学法人に示すこと
になった。この中期目標には、教育・研究と組織・運営についての
自己点検・評価等に関する事項が含まれている。国立大学法人は、
この示された目標にもとづいて中期計画を策定し、文部科学大臣の
認可を受けなければならない。一方、学校教育法は、国立大学を含
めてすべての大学が第三者評価を受けることを義務づけた。しかし、
教員の個人評価は、双方の法によって定められているのではない。
国の認可を受けた国立大学の第三者評価機関である大学評価・学位
授与機構が、教員個人の評価を教育・研究の自己点検・評価に組み
入れて評価基準に設定したことにより、国立大学において実施され
るようになったのである。このように、法で定められなくても、教
員評価が義務と化しているのは、評価の結果を運営費交付金の算定
に反映させる、第三者評価制度のねらいと構造の帰結である。大学
運営への資金配分が研究・教育などの評価結果に結びつくのである
から、評価が大学間の競争を促すとともに、政府の国立大学への間
接的な統制の手段として機能している。

──────────────────

[1]　天野・前掲論文、p. 32.

第7章　大学教育行政論

　評価制度は、もはや国立大学への競争的資金の配分に組み込まれ
ているだけではなく、私立大学への資金配分にも及んでいる。私立
大学の場合は、経常費補助金が厳しく抑制され、日本私立学校振興・
共済事業団を経由して評価にもとづく重点的もしくは差別的な配分
が行われている。たとえば、「私立大学等改革総合支援事業」は、私
立大学等に対する支援を強化するため、経常費・設備費・施設費を
一体として重点的に支援する制度である。この補助金を交付するた
めの基準の一つとして、もっとも基本的な「教育の質的転換」タイ
プでは教員評価制度を設けているかどうかが項目の一つとして存在
している。

　以上のような資金の重点的配分は、研究者・教員個人に対してで
はなく、組織に直接助成するものであるが、最大限の配分額を獲得
するために、大学組織内部で教員評価制度の導入・運営への圧力を
生む事態となる。なぜならば、私立大学等改革総合支援事業のよう
に、教員評価制度の学内制度化に資金配分の前提条件となる得点を
与えているからである。その結果、国からの運営費交付金や競争的
資金にもっとも依存している国立大学で教員評価制度の導入率がい
ちばん高く、次が遠く及ばないものの、国からの補助金受給額が国
立大学についで多い私立大学となっている。導入率のもっとも低位
の公立大学は、自治体からの運営費交付金が多額であるが、それは
国からの補助ではない。もっとも、自治体の場合は、国からの地方
交付税の算定の基礎として、公立大学の運営費が計算されているが、
けっして多額ではない。

　大学教員評価はいかに大学の活性化や教員の資質能力の向上とい
う美名のもとに実施されようとも、教員間の競争とその結果の評価
にもとづく処遇をともなう場合は、国家による間接的な大学と教員

203

第 7 章　大学教育行政論

の統制機能を果たすことになるのはないか。とすれば、それは競争
を通じて教員を分断させる管理統制というべきであろう。勤務評定
の再生ともいえる新しい小中学校・高校教員の教員評価が評価にも
とづく差別的処遇のみを特徴とするのに対し[1]、独立行政法人とな
った国公立大学と私立大学の教員評価はそのような処遇に加えて、
国家による資金配分に有利に接近するために教員を働かせる管理統
制といってよい。しかも、このような管理統制が信頼に足る公平な
評価システムを通じて行われるのかについては、つねに懸念がある。
この公平性に関して、天野は次のようにいう。「大学評価について重
要なのは、評価するものとされるものが、ともに同じアカデミック・
コミュニティの成員であるという帰属感・連帯感である。それなし
には両者の関係は上下関係としてとらえられ、また評価は権力的な
行為に堕し、評価の公平性に不信を生む。それは大学内部に導入さ
れようとしている評価システムについても、同様である。」[2]現在の
大学教員評価制度は、教員の自発的・主体的な自己研鑽につながる
自己評価として行われているものではなく、ここでいう上下関係に

---

[1]　小中学校・高校の教員評価の目的も、総括的には　大学のそれとほぼ同様、
教員の資質能力の向上や職能成長などといった専門的力量の向上である。こ
れを実現するために差別的処遇を行うというのであるが、勝野・前掲書、
pp. 12-36. pp. 64-74. は、教員からは機能していないと受け止められているこ
とを明らかにしている。また、刈谷等の研究は、宮崎県をケースに教員評価
制度が教員にどのように受け止められ、教員の「やる気」にどのような変化
をもたらしたかを検証したものであるが、教員たちは評価制度がなくても能
力向上に努めてきたし、差別的処遇をともなう成果主義の発想に立つ評価制
度が前提とする能力観とは異なる能力観をもつ教員が多数を占めていたこと
を明らかにしている。くわしくは、刈谷剛彦・諸田裕子・妹尾渉・金子真理
子『検証地方分権化時代の教育改革「教員評価」』岩波ブックレットNo.752、
岩波書店、2009 年、pp. 65-70.
[2]　天野・前掲論文、pp. 47-48.

204

もとづく権力的な行為として実施されているために、第三者評価（認証評価）と共にその公平性に不信を生んでいる。

このような権力的で公平性の確保が疑問視されている評価制度に対して、高等教育研究と大学経営に深く関わってきた絹川正吉は、次のように危機感を抱いている。すなわち、企業のマネジメントの発想であるPDS（Plan-Do-See）あるいはPDCA（Plan-Do-Check-Action）サイクルが強調されており、大学の営みのすべてがマネジメントでコントロールされるようでは、「大学の死」を招くという[1]。国立大学では、第三者評価と教員評価が密接不可分であることから、危機感は双方に対するものとなっている。研究・教育環境の向上をめざすFD活動は活発化したが、その一環としての授業評価は第三者評価を受けるための手段と化し、そこにとどまらず教員の勤務評価と直接結びつけられる方向が明らかになってきた。つまり、FDの目的が教員評価のために歪められ、教員は評価を意識してFDに取り組んでいるように見える。だから、ある大学関係者がいうように、「FDを『大学』が生き延びるために悪用しているのではないか。」とも疑われる[2]。FDの充実により実現できることを、あえて新たに教員評価制度を導入してめざすわけだから、屋上屋を重ねることになる。たしかに、FDは法制上も義務化され、量的・質的データによって把握される面がないわけではない。これに対し、教員評価は法制上の義務ではないが、学内規則として設定され内部的秩序維持のために強制力を発揮し、つねに教員の研究・教育の数値化を通して、教員の活動に枠をはめ込み、過不足を指摘して経営者のコントロールのもとにおこうとする。けっきょくは、法制上の義務であるFDが義

1　絹川正吉著『「大学の死」、そして復活』東信堂、2015年、p. ii.

2　この点については、絹川・前掲書、p. i.

第7章　大学教育行政論

務ではない教員評価によって無意味にさせられるという、逆転現象が起こることになる。

　大学教員評価制度については、ほとんどの制度と同様に、導入時に是非論が展開され、導入前や試行段階、さらに導入後に実証研究が進められてきた。教員評価は、第三者評価やFDのように、今後、法制上において義務化されないとも限らない。また、国立大学における評価のように、準義務化が継続され、このまま定着してしまう可能性は十分考えられる。あるいは、まだ導入に至っていない公・私立大学においては、これらの動向に迎合して内部規則等に規定し、導入することも予想される。したがって、大学教員評価制度の研究は、制度導入の是非を判断するにあたっても、制度の定着・改善にとっても意義のあるものと考えられる。ただ、このような研究を行うにあたっては、他の諸制度と同様、この制度についても合意形成や熟議などがなされないままに、最初から結論ありきで、制度設計や大学経営側の統治権力のもとに導入が決定されるケースが多かったという経緯にかんがみると、導入済みの制度の撤回や導入するかどうかの判断のための合意形成、もしくは熟議に必要な材料を提供する必要がある。

3　教育政策としての大学教員評価制度

　先に述べた絹川は、自著のなかでわが国の大学教育政策について、次のように引用し、それに同感している。すなわち、「『競争市場原理は、相互の連帯を断ち切る。大学が孤立して、一つ一つ滅亡してゆくことは何としても避けなければならない。危ういことは必ずしも大学が潰れることではなく、「大学」として営業していながら、大学でない活動をする企業体になってしまい、若者から真理に目覚め

206

る機会を永遠に奪ってしまうことである。法人化と共に始まった文科省の国立大学への政策的誘導や、私学における経営的な観点からのさまざまな要請にあって、〈大学教育はいかにあるべきか〉という問いは、いま一層切実なものとなりつつある。もはや一刻も猶予がならない。大学教育のコアにあるべきものは何なのか、という問いを改めて問われなければならない』。この友人の見解に私もまったく同感です。」[1] また、「『競争を無視するわけではありませんが、競争を前提にしながらも、何に価値を置くかを熟議して今の教育とりわけ高等教育のあり方を考えるべきだと思います。経済・経営の論理を優先して補助金をえさにした行政指導型の政策は正しくないと思います。そうした政策を続けてきた結果が、統一性の欠いた人間や大学教員の構成員の質の劣化を招いていると思います。……』……のご見解に私は同感し、敬意を表します。」[2]

　以上の引用文は、学術研究の成果として述べられたものではないが、しかし今日の教員評価制度も一環となっている大学教育政策の根幹を見抜いたものと評価できる。これらの見解に対しては、今日のわが国の大学教育政策に賛同できる立場や教員評価制度の導入是認論から、非難が浴びせられることは想定できるが、小論は、これらの非難にいちいち対応しようとするものでなく、国家権力が大学教員評価制度の導入という教育政策を通して、何を実現しようとしているのかを明らかにするものである。それゆえに、まず教育政策の性格と大学のガバナンス改革への影響について論じ、次に、教員評価制度の導入によって、教員の生命線である研究・教育の自由と「大学の自治」の問題がどのような変化を遂げ、また課題解決を迫

1　絹川・前掲書、p. ⅱ.
2　絹川・前掲書、p. 321.

第 7 章　大学教育行政論

られるかを明らかにしたい。

　教育政策とは、教育の目標を達成する方針・行為であって、わが国では公的なそれを指すのが一般的であり、「教育政策とは権力に支持された教育理念」だとする歴史的な定義（宗像誠也）では、教育政策の主体として、中央政府、地方公共団体、与党があげられる[1]。教育政策の主要部分は立法機関を通じて教育法規として制定され、この法規にもとづき行政機関によって具体化され、実現される。教育政策は、政治体制や経済状況などと密接に関わりながら、教育をめぐる問題や課題を反映して立案され、実施されてきた。このような政策の立案や実施の過程においては、教育関係の会議や審議会等の果たす役割が大きい。これらの組織には、中央教育審議会のような公的諮問機関もあれば、首相の私的諮問機関である教育再生実行会議のようなものもある。最近は、官僚依存から政治主導による政権運営がめざされ、教育政策の決定においても法的根拠が必要とされる審議会よりも、その必要のない私的諮問機関が利用されることが多くなっている。たとえ、このような私的な機関であっても、その審議結果は提言としてまとめられ、教育政策の立案や実施に大きく影響するのは周知の事実である。もちろん、政策の立案・実施の過程は単純なものではなく、複雑なプロセスをもち、公的、私的かどうかを問わず諮問機関の提言はその一角を構成している。しかし、このようなプロセスにおいては、行政当局の文部科学省と政府与党が相互補完的にもっとも大きく関与し、政策決定がなされていることは明らかである。以上のような教育政策の策定構造の解明につい

1　平原春好「教育政策」平原春好・寺崎昌男編集代表『新版教育小事典〈第3版〉』学陽書房、2011 年、p. 82.

第 7 章　大学教育行政論

ては、他の研究に譲り[1]、次には大学教員評価制度の導入がなぜどのように教育政策となったのか、そしてまたガバナンス改革に対し、どのような影響を及ぼしているのかを見ていきたい。

　先にも述べたように、教育政策は、中央政府、与党などの政治権力の作用によって形成・決定される公的教育に関する意思を示したものである。国家論についての厳密な議論はここでは省くが、そのような政治権力の作用は、統治組織をもつ政治的共同体、またはその組織・制度としての国家権力の作用そのものであるといえる。したがって、国家の政治的な意図が、教育政策を通じて実現されることになる。このような国家の意図は、政権与党のめざす政治や経済の目標を実現するために、教育政策として大学に深く関わる場合がある。大学教員評価制度の導入は、その有力な手段と考えられている。これは、導入是認論、導入否認論のいずれにおいても語られていることである。

　ここで改めて、国家は、現代の政治や経済に関わりながら、教育に対して何を意図しているのかについて言及する。それは、繰り返しになるが、先進国にほぼ共通しているように、福祉国家的政策の見直しと、規制緩和や小さな政府、市場メカニズムなどのキーワードにあらわされる「新自由主義」を基盤とする教育の競争的な市場化である。教育の市場性については、必ずしも十分に議論が行われているわけではないが[2]、新自由主義が 1980 年代以降のわが国にお

---

[1]　この点につきくわしいことは、高見茂「教育政策の策定プロセスをマスターしよう」高見茂・開沼太郎・宮村裕子編『教育法規スタートアップ—教育行政・政策入門—ver. 3.0』昭和堂、2015 年、pp. 8-9.
[2]　それでも、教育と「市場」概念の関係については、ある程度突っ込んだ議論が行われている。この点については、森田尚人・藤田英典・黒崎勲・片桐芳雄・佐藤学編『教育と市場』教育学年報 5、世織書房、1996 年参照。

209

第7章　大学教育行政論

ける政治思潮全般のみならず、教育改革をめぐる議論に大きな影響
を与えた。すなわち、新自由主義の影響は、政府の活動の全領域に
及んでいて、教育分野における改革もこの射程内にあり、しかも教
育固有の問題を論じるにあたっても重要な意味をもつようになった。
そして、高等教育においては、国立大学・私立大学に対する直接助
成、特定の研究や事業に対する補助などの間接助成のいずれにおい
ても、誘導的で効率的な配分方式をとっているように、市場化が進
んでいる。金子元久は、このような市場という概念が現代の教育の
再検討に大きな影響力をもったといえるが、しかしこの概念は分析
的な概念としては有効であるものの、「教育に関する想像力と、現実
の変革のための道具でしかないともいえるだろう。しかしそれは歴
史の中でもきわめて重要な時には凶暴な役割を果たしてきた道具で
あった。」という[1]。この意味では、これまで検討してきた大学教員
評価制度を教育の市場化から除外する理由はないだろう。また、こ
のような教育の市場性の問題は、グローバリゼーションへの対応と
は切り離されて論じられがちであるが、わが国の大学の世界的競争
力の増強と活性化をもたらすのが大学間および教員間の競争である
と位置づけるならば、評価制度は必要なものとされ、その導入は正
当化されてしまう。これは、教育の市場化のカテゴリーから外れる
ものではないだろう。

　今や、大学教員評価制度の導入は、国家権力の作用としての教育
政策になっていることは間違いない。ただし、導入の仕方について
は、直接的に法的な強制措置がとられるか、巧みに国家権力の行使

---

[1] 以上の高等教育を含めた教育の市場性に関する金子の文脈と言葉につい
ては、金子元久「方法としての『市場』」前掲『教育と市場』、pp. 12-23.

210

をはかる間接的な方法で行うかのどちらかに分かれる。第三者評価
やFDの義務づけのように法的に明文化されて強制されているわけ
ではないので、後者の方法をとっているといえる。すなわち、国立
大学では運営費交付金の交付に反映される第三者評価の基準として
教員評価の実施が位置づけられている。私立大学においては、私立
大学等経常費補助金を減らしながら、私立大学等改革総合支援事業
の基本的事項の要件等を充たす場合に、特別に交付する制度を設け、
定員割れに危機感をつのらせている状況の中で補助金により誘導し
ている。これらは、給付行政であるが、窮状に乗じて補助金を交付
するものである。このような競争的資金の獲得のために、評価制度
を導入し、教員の競争的環境を醸成する私立大が増えてきている。
いずれにせよ、法律制定という国会における国民的論議を避けて、
政権与党と政府による行政裁量によって、導入の結果がもたらされ
ているといえよう。

　このように、行政執行上のテクニックを使用してまで大学教員評
価制度の導入をもくろむ教育政策は、今日盛んに主張される大学の
ガバナンス改革にどのような変化をもたらしているのであろうか。
近年、国立大学法人法の改定や学校教育法の教授会規定の改定を通
して、学長権限の強化がはかられた。なぜ教授会の権限を縮減して
までも、学長の行政的権限の強化をはかろうとしたのかについては、
すでに分析あるいは解明されている。この点については、これ以上
立ち入らないが、補助金の交付を受けざるを得ない学長の弱い立場
を利用しようとした、と分析できる。もちろん、必要性を認めなか
ったり、行政的権限の強化に賛同しない学長がいた場合は、評価制
度の導入という教育政策は強力な抵抗に会うことになるが、ほとん
どの場合は受け入れることを想定内に実施されたのである。たしか

211

第 7 章　大学教育行政論

に、導入の動きは学校教育法の改定の以前から見られたのであるが、この改定による教授会権限の縮減＝学長権限の強化とあいまって、評価制度は教員の研究・教育活動の何らかの足かせとして機能することになった。つまり、評価制度の導入という教育政策は、大学のガバナンス改革を促しはしたが、教員の研究・教育の統制につながらないのか、懸念が生じているということである。この統制は、研究・教育の内容と方法そのものにまでは及ばないから、問題ないという考えも想定されるので、次に検討を試みる。

　大学は、憲法上の学問の自由にもとづいて、学問研究の自由と研究発表の自由、学問研究にもとづく教授の自由が保障され、研究・教育の面で多くの自律性が認められてきた。大学の自治は、この学問の自由を保障する制度的な原理である。学問研究の自由は真理の探究をめざすもので、社会批判を行うこともあり、さまざまな権力からの攻撃も受ける場合もあるため、大学の自治は国家などの外部からの介入や干渉を排して、研究者の自律的な責任に委ねられてきた。しかし、わが国においては、こうした大学の自治の理念がそのまま機能せず、とくに国立大学はその内部において「政府の構造的な統制にまつわる特有の息苦しさ」があり、それは「国家公共性の論理と大学の自律的責任原理に依拠した公共性の論理とがぶつかり合うなかでの『特有の息苦しさ』であった。」[1]ただし、ここでいう国家公共性とは、国家が法や政策などを通じて、その構成員である国民に対して行う活動を指している。このような国立大学での息苦しさは、国立大学法人化後も第三者評価や運営費交付金の配分などを軸にした、さまざまな介入・干渉を通して、政府の統制と大学の

1　大桃敏行「大学改革と多様な公共性の交差」前掲『大学改革』、pp. 183-184.

管理・運営との対立として存在している。それは、学校教育法の改
定によっても、従来の教授会権限が生かされている事例が多く見ら
れることからも示されている。しかし、一方、国立、公立、私立の大
学を問わず、学長権限の強化を強調し、学長を通して国家の教育政
策の目標達成に向けて、教員を研究・教育の面のみならず運営や経
営の面においても、大学組織に組み込むように機能しているのが、
大学教員評価制度である。このように、政府が教育政策として大学
への導入に力をいれてきた評価制度が教員の管理・統制をもくろみ、
教員の学問の自由を侵害するとまではいえないとしても、教員の研
究・教育活動に対して外側から枠組みを与え、教員の内部の自律的
責任に何らかの影響を及ぼし、結果として大学における研究・教育
の国家統制が進められるという構図を読み取ることができる。

　以上のような国家の教育政策は、国家による行政管理的な公共が
中心であるという意味では、国家公共性の論理の帰結であるといえ
るが、他方、政権与党の政治的意図のあらわれであるから、政治的公
共性という特徴をもつということである。したがって、次には、こ
の政治的公共性とはどのような意味をもつのか、さらにこの公共性
が市民社会と国家とのせめぎ合いから提起される市民的公共性とど
のような関係性にあるのかを、評価制度を手がかりに追究すること
にしたい。

4　大学教員評価制度の政治的公共性と市民的公共性

　政治的公共性を論ずる前提として、公共性について見ていくと、
この概念は「国家に関係する公的なもの」「すべての人びとに関係す
る共通のもの」「誰に対しても開かれている」という三つの意味をも

第 7 章　大学教育行政論

つとされる[1]。この意味での公共性は、互いに争う関係にある。先述の国家公共性は、「国家に関係する公的なもの」の側面に注目した表現である。大学教員評価制度は、国家の教育政策として導入がはかられてきたのであるから、国家公共性に位置づけられる。しかし、同時に、このような教育政策は「誰にも開かれている」ため批判したり論ずることも可能であり、国公立であれ私立であれ、公教育に携わる大学教員に関わる制度を導入しようとするから、「すべての人びとに関係する共通のもの」ととらえることができる。すなわち、被評価者の大学教員、評価者の大学経営者、国立大学であれば第三者評価機関、政策の立案・実施者である政府、世論を形成する市民や国民など、すべてが関心をもち批判や賛同ができる。この意味では、政治的公共性を見ることができる。

　政治的公共性とは、ハーバーマスによると、市民が国家との関わりにおいて経済や政治の議論に及ぶようになることをいう[2]。いいかえると、それは、社会全体に関わるさまざまな問題をテーマ化し、それが自律的な公共圏において討議され、公共的な空間に広く提起されていくことを指している[3]。この意味からすると、小論の対象とする教育政策としての大学教員評価制度は、政治的公共性を論ずるにふさわしいテーマである。

　ここでいう政治的公共性の「政治的」を党派的・イデオロギー的な意図性ととらえるなら、評価制度の導入は政治的意図性のあらわれと批判されることになるが、しかし政治的公共性は批判の道具と

---

[1]　齋藤純一『公共性』岩波書店、2002 年、p. viii.

[2]　ユルゲン・ハーバーマス（細谷貞雄・山田正行訳）『公共性の構造転換（第2版）』未来社、1994 年、pp. 249-305. 齋藤・前掲書、p. 32.

[3]　齋藤・前掲書、p. 32.

第 7 章　大学教育行政論

してよりも国家介入・関与とその対象との関係構造を分析する枠組みとしての性格が濃いといえる。このような分析枠組みとして政治的公共性をとらえるならば、新自由主義や新保守主義などと称される政治イデオロギーにもとづく大学教育政策の転換として、評価制度の導入を位置づけることができる。それはすなわち、小さな国家としての、国家の財政的負担の縮減にもとづいて外的条件整備に対する責任を軽減しながら、統治の全体において国家統制を緩和する一方、重要な政策課題については国家統制を強化・積極化するという矛盾した姿勢のあらわれであると分析できる。

　政治的公共性の観点では、大学教員評価制度の導入は、必ずしも一方的な国家統制の帰結ではなく、大学側からの意思決定にもとづいている場合もあると分析することもできる。たしかに、教員評価は法的な義務ではないが、国立大学では第三者評価機関による評価の基準にすぎなくても、評価上の不利を避けるために大学内部の意思決定で受け入れることも可能だからである。公立、私立の大学においても、経営効率を高めるために教育政策への迎合を選択したと分析できるからである。このような大学内部の意思決定の仕組みは、これまでの教授会権限の縮減と学長権限の強化ための、一連の政府による大学のガバナンス改革の結果としてもたらされたのである。つまり、政治的公共性の概念のもとでは、国家の大学への外形的な統制のみならず、大学の自主統制・自己規制として、教員評価制度をとらえることができる。

　政治的公共性の観点から、大学のガバナンス改革を通した国家統制の構図を明らかにしてきたが、この観点によっては評価制度における被評価者である大学教員の具体的な姿をとらえることはできない。この姿を明らかにするには、市民的公共性の観点に立つことが

215

第7章　大学教育行政論

必要である。

　市民的公共性とは、「基本的に『公権力に対する批判的領域』として位置づけられており、ハーバーマス自身もいうようにリベラル・デモクラシーの特徴を色濃く帯びている」[1]。そして、それは市民社会と国家とのせめぎ合いから提起されたものである。ここでいう市民社会は市場社会のことであり、この意味で市民的公共性は政治権力から自由である。しかし、やがては、市民的公共性が国家の介入を受けるようになると、国家の市民社会に対する権力の行使に「批判的公開性」の原理を提起する。ハーバーマスがここで構想したのは、組織に組み込まれた諸個人が自らの組織を内部から民主化していくことで、公共的空間を再生しようとしたことである。もちろん、批判的公開性の原理は、非国家的・非市場的な領域としての今日の市民社会においても、国家や有力な組織の活動への批判的な監視のために必要である[2]。

　以上のような市民的公共性の文脈から、大学教員評価制度における被評価者の立場を見すえることができる。すなわち、大学組織内の教員が民主的な討議を通じて意思形成をはかり、大学経営者の意思決定に影響を及ぼし、それを通じて国家の政策を批判し撤回に導くような公共的空間を創造することである。それは、批判的公開性の原理のもとに、研究者集団の意見発表や声明、研究者の呼びかけによる公開討論会、評価対象が教員の労働に関わることから、職員（労働）組合の労働条件改善の要求などとして行うことができる。これらの基礎になるのは、被評価者に対する直接的なアンケート調

1　齋藤・前掲書、p. 29.

2　齋藤・前掲書、pp. 29–32.

査である。大学教員評価制度に関する調査研究においては、アンケートは各大学の評価担当者や評価組織に対して行われている。したがって、調査研究の結果は、推進者の立場が反映される可能性が高いといえる。これに対して、評価される教員がどのような意見や感想をもっているかを調査することで、導入済みの評価制度については、見直しや撤回、修正の必要性が、また導入を検討している大学では、導入すべきかどうかの判断の参考になるだろう。アンケートはできるだけ大規模のものが望ましいし、教員に直接アンケートを届け、回収する方法についてはよほどの検討が必要である。このようなアンケート調査を含めた調査手法の開発は、高等教育論としても重要かつ緊急の課題であると思われる。

　第三者評価の義務化以降の教員評価制度は、第三者評価機関が政府の認証をえなければならない以上、国立大学にあっては強制的なものである。これに関して、評価の市民的公共性を唱える重本直利は、次のように主張する。すなわち、大学や教員が自発的・主体的に導入したものでないだけに、評価者と被評価者の関係性は一方的、抑圧的であり、数値という形式合理性に人格・個性という実質的合理性が従属するような転倒が起こることが危惧される。そのような評価は、対話性を欠き、主体的な営みのうえに築かれたものではない。当事者能力が十分機能した自己評価こそが意味をもつのである[1]。教員に対する直接的なアンケート調査は、このような市民的公共性の視点に立つ評価観の要請でもあると考えられる。調査の結果は、国立大学はもちろんのこと、経営側のトップダウンもしくは教員との合意形成のうえ導入した公立大学、私立大学を問わず、制度が現

---

[1]　重本直利「大学創造と教員評価」佐々木恒男・齊藤毅憲・渡辺峻編著『大学教員の人事評価システム』中央経済社、平成18年、pp. 76-77.

第7章 大学教育行政論

実に施行され秩序が保持されているから、教員の受容や承認を獲得
しているという論理を許すものとなるのかどうかの重要な任務を負
っている。重本が「協力・支援・励ましではなく分断・懲罰・脅し
といった傾向性をもち、……　教育・研究活動の改善・改革ではな
く差別化・選別化の傾向が強く出ている。そこでは大学（大学人）
間の共生の論理ではなく競争の論理が持ち込まれようとしている。」
[1]という日本の第三者評価を、大学人の個人的な評価が支えている
のであれば、評価の市民的公共性にもとることなろう。

　評価の市民的公共性は、大学教員評価制度を市場経済や国家のた
めのものではなく、市民社会に対していかに責任を果たすのかとい
う観点からとらえるのであり、しかもそれは欧米に見られるように、
大学人によって自発的・主体的な取り組みとして形成されるべきも
のである。天野郁夫は、次のように語っている、「実際に評価の必要
性・重要性がいわれるなか、日本の大学や研究の世界における評価
の可能性に、懐疑的・否定的な意見を述べる有力な研究者・大学人
は少なくない。それがこれまで、アクレディテーション制度に代表
されるさまざまな主体的で自発的な、また相互信頼的な評価のシス
テムを、経験を積み重ね、おそらくは長い試行錯誤の時間を経てつ
くりあげてきたアメリカのような国との大きな違いである。相互の
信頼のないとろころに、公平な評価システムは育たない。そして、
国家主導による評価システムの構築は、ボランタリズムの精神に立
った相互の信頼関係の形成よりも、阻害の方向に働く危険性が大き
いことを忘れてはならないだろう。」[2]

---

[1]　重本・前掲論文、p. 98.
[2]　天野郁夫『大学改革の社会学』高等教育シリーズ 136、玉川大学出版部、
2007 年、p. 165.

218

第 7 章 大学教育行政論

　ところが、現実のわが国においては、国立大学法人法や私立学校法の改定を通じて、経営の論理が優先され、学校教育法の改定によって、上意下達型のガバナンス改革が政府主導で行われている。このようなときだからこそ、市民的公共性の視点から大学教員評価制度にもアプローチすることが重要であり、不正な制度への市民的不服従ともいうべき役割を果たすことができるだろう。

5　むすびにかえて

　小論においては、大学教員評価の市民的公共性の視点において、大学内部からの自発的・主体的な評価であれば是認されるという考え方を紹介した。この意味するところは、自発的・主体的な評価を外部、とくに国家から要請や義務づけをすることではない。そのような介入・関与がない状況で、大学内部で自ら十分に討議・検討した結果、教員個々人のみならず、大学組織全体としても評価の必要性が認められるかどうかで、導入の判断が行われてもよいわけである。この意味するところは、評価自体の絶対的な否定ではない。教育学の分野においては、評価に関する研究が盛んに行われているとおり、教育に評価が不可欠であるといえるかもしれない。ところが、教員評価という場合は、その意味合いと重さが異なってくる。またとくに、大学教員評価制度に決定的な影響力を及ぼすことのできる成果はまだえられていないように思われる。したがって、小論における考察からいえることは、教員の専門家としての力量形成の視点から、教員が自発的・主体的な判断と意思決定によってのみ自己評価をすることは肯定される。しかし、国や行政機関等によって政策

219

第 7 章　大学教育行政論

的に強制される自己評価は、「統制のための手段に他ならない」[1] のである。これに対しては、批判や否定的な論評がありうる。これに対応して、さらに研究を重ねることが課題となるであろう。

　大学教員評価は大学の研究者に直接関わることであるが、このテーマに関する研究は、大学関係者の間では意外と少ないことに気がつく。教育学の分野においては、正面からこの問題に取り組んだ研究は多くないうえ、質的にもさらに高めることが求められている。むしろ、研究成果としての数量は別にしても、経営学の分野からの研究が鋭い指摘をしているように思われる。今日の教員評価が組織マネジメントを重視し、上から義務化するとともに、営利企業と同じような経済的尺度で評価しようとする制度として導入される傾向にあることから、民間企業の人事労務管理との関連で、大学教員の人事評価の可能性を論じようとしたからであろう。

　また、大学教員を含めて教員は、学校という組織の構成員であり、かつ被雇用者であることから、マネジメントの視点が容易にもち込まれたのかもしれない。その点が、同じく専門家としての医師や法律家などと異なって、国家的な統制を受けやすい要因である可能性もある。医師や法律家は、社会的地位においても、また専門家集団としても国家権力に対する発言力等影響力が大きい。このような専門家に対して、統制された自己評価さえもありえないという論理がそこにあるとすれば、教員はすべて統制しやすく、国家の政治や経

1　勝野正章『教員評価の理念と政策―日本とイギリス―』エイデル研究所、2003 年、pp. 67-68. 勝野によると、教員は自主的・自律的な研修につながる自己評価をふだんから十分に行っており、これが教員の自主的・自律的な成長や発展につながるが、教育改革や教育政策による意図的な能力や専門性の剥奪という文脈のなかでの自己評価は、外的な基準へ「自発的馴致」をはかるものとして機能しうる。

220

第7章 大学教育行政論

済の目的の実現のために自己評価さえも強制されてよいという論理がでてくるであろう。

かつて、教員免許状更新講習制度の導入のさいに、賛否両論があった。大学教員評価制度については現在進行形だが、同様である。しかし、これらの制度の賛成論が教育政策として容易に法的義務化をともない実施されるか、行政立法や行政裁量によって、政権与党や政府の政治的意図のとおり巧妙に進められているのが現実である。そして、一定の時間が経ち、大きな市民的・国民的な抵抗がないと、制度の定着化が宣言され、そのまま固定化されていく。

以上のような現実に対しては、市民的公共性の視点に立って、不正義の制度の導入に市民的不服従の思想と行動を示していかないかぎり、大学の国家統制、ひいては教員の研究と教育の自由の保障を確保できないことにもなりかねない。

221

あとがき

　本書は、書き下ろしたものではない。第1章の全体と第2章から第7章までの次に示す節において、過去に発表した小論に加筆修正を加えたものを掲載しており、それ以外の各章の節は書き下ろしたものである。

第1章：「自治体社会教育行政の動態的把握の方法に関する研究—ライフヒストリー法の意義—」『聖園学園短期大学研究紀要』第39号、2009年

第2章：〔第3節〕「『生涯学習推進ボランティア』の育成の課題—秋田県における生涯学習奨励員制度の事例を中心に—」『社会教育学研究』第5号、秋田大学大学院教育学研究科社会教育学研究室、1998年、〔第4節〕「日本語ボランティアの活動と自治体社会教育行政の課題—秋田の都市部と農村部における実践と社会教育行政の対応を中心に—」日本社会教育学会編『多文化・民族共生社会と生涯学習』日本の社会教育第39集、東洋館出版社、平成7年

第3章：〔第2節〕「自治体社会教育財政の現状と展望—中核市の場合—」日本社会教育学会編『地方分権と自治体社会教育の展望』日本の社会教育第44集、東洋館出版社、平成12年

第4章：〔第3節〕「生涯学習実践とPTA活動—家庭と地域における教育の主体形成とライフ・サイクル—」『社会教育学研究』第2号、秋田大学大学院教育学研究科社会教育学研究室、1993年

第5章：〔第4節〕「生涯学習と公共図書館の児童サービス—児童の発達課題に対応した図書館サービスの内容と方法—」（山田正行と共同執筆）『秋田大学教育学部研究紀要』教育科学第52集、平成9年

第6章：〔第5節〕「教育行政における指導・助言行為の本質」『秋田大学教育学研究—改革と教育　戸田金一退官記念号—』秋田大学教育学部教育学研究室、平成7年

第7章：〔第3節〕「〈研究ノート〉地域・家庭・学校をめぐる教育学の今日的課題—ケアリングコミュニティの形成・学力テスト問題・高等教育の評価—」『聖園学園短期大学研究紀要』第45号、2015年、〔第4節〕「大学教員評価制度と研究・教育の国家統制—教育政策の政治的公共性と大学ガバナンス改革がもたらす桎梏—」『聖園学園短期大学研究紀要』第46号、2016年

　書き終えて、この本において何を主張したかったのか、新たな気持ちで考えてみた。どうも、もっともっとがんばって、もっと研究成果をあげよと、自分を鼓舞することであったようだ。年齢的にも古希を迎えて、残された時間はそれほどないはずである。今までの遅れを取りもどすために、研究に取り組めということである。なるほど、自分の研究業績はたいしたものではない。どのような基準でそういえるのかを明確にするのも難しい。通念的には、有名大学の教員で学会でも名をはせている人ほど研究者として優れ、研究業績も立派であると見なされているであろう。そうでないという主張ももちろんあるだろう。このような見解の違いについては、ここではこれ以上深く追求することはしない。とにかく、大学教員といっても、名もない地方の短大の教員であり、専攻分野の学問領域で何ら注目されず、学会等で評価を受けるような知見を示したこともない自分があわれである。それでも、人生の最後に、研究への意欲があってもっとよい研究をしなければと日日を過ごしていることは、幸いなことだと思っている。おおげさで恥ずかしいくらいであるが、今の研究生活も中学生時代の恩師の言葉にさかのぼる。

あとがき

　これまでの自分は寡黙なほうであったと思うが、中高生のころは
とくにそのようであったらしい。口はあまり開かず、派手なふるま
いはできないが、何かに一途に取り組む忍耐強さはあったと見られ
ていたようである。友人の口から、自分は研究者に向いていると中
学時代の恩師がいっていたと聞いたことがある。その恩師からは、
そのようなことをいったと聞いた記憶はない。これが自分の中でず
っと残っていたことはたしかである。しかし、それ以後の高校生活、
大学生活でも研究者を目指したことは一度もない。目指すほどの能
力があるとも思っていなかったし、周りから奨められることもなか
った。自覚していれば、受験浪人をしてでも大学院進学を目指した
であろう。しかし、公務員となってから何度となく脱出を試みたの
も、このままで一生を終わりたくない、人生で何かをきわめたいと
いう気持ちが脳裡から離れなかったのだろう。それが最後には、研
究の道につながったのである。正直いって、2度にわたる大学院で
の勉学を経験する中でも、研究者になれるとは思っていなかった。
教育行政といえども、教育に関わる仕事なのだから、教育に関わる
学問のできるだけ高いところまでいかないと、せっかくこの世に生
を受けた意味がないと思うようになっていた。だから、少しでも職
業として研究者を経験できたのは、幸運であったといわざるをえな
い。
　今、自分がたずさわっているのは教育学の研究であるが、研究を
すすめるほど果たしてそうなのだろうかと疑問を感じることが多い。
しかし、どうも自分の受けてきた教育に対しては信頼をもっている
ようである。というよりも、自分に関わってくれた教師に対する信
頼である。小学校から50歳代まで教育を受けてきたのであるが、段
階ごとに教師には恵まれていたと思っている。とくに、友人からの

あとがき

伝聞の中学時代の恩師の言葉はもちろんであるが、大学卒業後も長期にわたり大学の研究室へ出入りして事務的なお手伝いをさせてくださった学部時代の恩師と、修士課程、博士課程に受け入れ指導してくださったそれぞれの恩師の言葉を大切にしてきた。修士論文の審査を終わってからの審査員の一人の先生の一言は、だいぶ時間を経て老骨にむちを打って博士課程進学への動機になった。すべて自分に都合よくとらえて大事にし、それを励みにして進んできたように思う。それほど教師の影響力は大きいと思うが、教育学を研究するようになってから、必ずしも教師の教えのとおりに育つことがよいのではなく、自ら選び取って進んでいくことが大切であると思うようになっている。

　加えて、自分には競争心があるように分析している。スポーツなどでの競争心は体力がないのでどうしようもないが、精神面では努力すれば報われると思って歩んできたようだ。今、教育学の研究をする中で、新自由主義的な競争原理を批判することは正しいと思っているが、これはそのような意味での競争心ではない。つねに自分を向上させる精神のようなものではないか。しかし、振り返ってみると、公務員、大学教員の職場のいずれもお互いに競争を促す環境があった。公務員の世界は、地位の差が給料と権力の差に直結し、上に昇らない限り自分の考えでは何もできないというのが常態であった。世間も行政機関の人間については、地位で判断することも多い。だから、職員は他人よりも一つでも上の地位につこうと気をもむことになる。社会教育主事として社会教育の現場を経験したときでさえ、そのような雰囲気を感じたものである。気がついてみると、自らもこのような土台の上であくせくしていた。学問研究の自由という人権や生涯学習の理念にしてもすばらしいものであるが、その

225

あとがき

裏には競争および競争意識がこびりついているような気がする。人間社会の維持・発展のためには不可欠のものだろうか。自問自答している。

　自分の人生について、ごたくを並べているような「あとがき」になってしまった。こうして、振り返ってみると、限られた人生の中で公務員生活は長すぎた。もう少し早めに決断し研究の道を探ることができなかったのかと、思い返している。少なくても10年から20年遅かったというのが本懐であるが、「覆水盆に返らず」である。今後の人生を突っ走るしかない。

　以上、大変とりとめのないことを述べてしまった。過去に書いた小論をおりまぜたものの、なにせ急ごしらえの本である。ご批判をいただいて当然である。

　終わりに、出版にあたっては、三恵社の木全哲也代表取締役に特別のご理解とご配慮をいただきました。深く感謝いたします。

　　　　2017年12月

　　　　　　　　　　　　　　　　小　林　建　一

著者略歴

小林　建一　（こばやし　けんいち）
1948年　秋田県生まれ
1971年　秋田大学教育学部卒業
1994年　秋田大学大学院教育学研究科修士課程修了
2006年　東北大学大学院教育学研究科博士課程後期修了
博士(教育学)　専攻は教育学、社会教育学
秋田市教育委員会社会教育主事等、聖園学園短期大学教授を経て、現在秋田大学・秋田県立大学・秋田公立美術大学非常勤講師

【単著】
『社会教育の規範理論―リベラルな正義論との対話―』(文化書房博文社、2006年)、
『保育に役立つ教育制度概説』(三恵社、2009年)、『保育者のための教育原理』(三恵社、2012年)

【共著】
『社会科学と現代国家・法』(八千代出版、1983年)、『現代人権論序説』(八千代出版、1989年)、
『多文化・民族共生社会と生涯学習』(東洋館出版社、1995年)、『地方分権と自治体社会教育の展望』(東洋館出版社、2000年)、『地域を拓く学びと共同―新たな結いをめざして―』(エイデル研究所、2001年)、『教育法体系の改編と社会教育・生涯学習』(東洋館出版社、2010年)、『わたしたちの生活と人権』(保育出版社、2014年)、『幼稚園の教育経営』(一藝社、2015年)、『対人支援職者の専門性と学びの空間―看護・福祉・教育職の実践コミュニティ―』(創風社、2015年)、『保育原理』(一藝社、2016年)、『教育原理』(一藝社、2016年)

自治体社会教育・学校教育行政論 ―ライフヒストリーの視点―

2017年12月25日　初版発行
2019年 5月31日　第2刷発行

著　者　　小林　建一

定価(本体価格2,000円+税)

発行所　　株式会社　三恵社
〒462-0056 愛知県名古屋市北区中丸町2-24-1
TEL 052(915)5211
FAX 052(915)5019
URL http://www.sankeisha.com

乱丁・落丁の場合はお取替えいたします。
ISBN978-4-86487-797-8 C3037 ¥2000E